只有社会主义才能救美国

金融究竟让谁富有

陈思进 ★著

重庆出版集团 重庆出版社

图书在版编目（CIP）数据

只有社会主义才能救美国：金融究竟让谁富有 / 陈思进著. —重庆：重庆出版社，2010.10

ISBN 978-7-229-02783-4

Ⅰ. ①只… Ⅱ. ①陈… Ⅲ. ①经济危机－美国－文集 ②经济－分析－中国－文集 Ⅳ. ① F171.244-53 ② F12-53

中国版本图书馆 CIP 数据核字（2010）第 145861 号

只有社会主义才能救美国

ZHIYOU SHEHUIZHUYI CAI NENG JIU MEIGUO

陈思进 著

出 版 人：罗小卫
策　　划：中资海派·重庆出版集团科技出版中心
执行策划：黄　河　桂　林
责任编辑：温远才　朱小玉
版式设计：王　芳
封面设计：肖　杰　杨秋波

重庆出版集团 重庆出版社 出版

（重庆长江二路 205 号）

深圳市彩美印刷有限公司制版　印刷
重庆出版集团图书发行有限公司　发行
邮购电话：023-68809452
E-MAIL: fxchu@cqph.com
全国新华书店经销

开本：787 × 1092mm　1/32　印张：8　字数：150 千
2010 年 10 月第 1 版　2010 年 10 月第 1 次印刷
ISBN 978-7-229-02783-4
定价：29.80 元

如有印装质量问题，请致电：023-68706683

在央视大型纪录片《华尔街》摄影棚接受总导演李成才专访

离开华尔街，看到金融危机愈演愈烈的局面，陈思进一直在反思。昨日的辉煌，为什么一夜之间烟消云散呢？危机的根源到底在哪里？华尔街是真正的源头吗？为什么华尔街会成为今天的“过街老鼠”？带着这些问题，陈思进的脑袋在不停地转，笔也在不停地写。

在央视《人物》摄影棚接受制片人王越专访

| 陈思进 |

纽约大学高级金融专业进修班毕业，纽约市立大学电脑科学硕士。

曾任银行家信托（Bankers Trust）和纳斯达克（NASDAQ）高级金融软件开发师、瑞士信托（Credit Suisse）证券投资部助理副总裁、美国银行证券公司（BofA Securities）副总裁、宏利金融财团（Manulife Financial Corp.）资深顾问等职务。

目前定居加拿大多伦多，任某国际金融财团全球投资部风险管理资深顾问。

作者简介 | Only Socialism Could Save America

他，为理想而活！

一位来自华尔街的批判者！

“9·11”死里逃生的经历，让陈思进对人生的感悟更深刻，“那天我离死神这么近，仅一线之遥，来纽约为了什么？为了追求金钱差一点送命，值得吗？我开始思索人生的价值与意义。”

离开华尔街，看到金融危机愈演愈烈的局面。陈思进一直在反思。昨日的辉煌，为什么一夜之间烟消云散呢？危机的根源到底在哪里？华尔街是真正的源头吗？为什么华尔街会成为今天的“过街老鼠”？带着这些问题，陈思进的脑袋在不停地转，笔也在不停地写。一本本揭露华尔街金融霸权的书籍，在陈思进的笔下陆续问世。

从长篇传记《闯荡北美》和《独闯华尔街》，长篇小说《绝情华尔街》《华尔街大骗局》《共舞华尔街》（暂名，还没有出版），到金融时评随笔集《华尔街这些事》以及专著《金融让谁富有》，陈思进在不断前行。

2009 年 7 月，《绝情华尔街》位居同类小说榜首。

2009 年初，《华尔街这些事》位居同类图书销量榜。

2008 年，《独闯华尔街》位居财经类人物传记前五位。

2007 年，《海外文摘》最佳作者。

2004 年安徽文艺出版社出版《闯荡北美》，2007 年中国出版集团现代教育出版社出版《闯荡北美》修订版，首印 1 万本。以上两个版本的销售版税，作者都捐献给希望工程。

一个特立独行的富二代！

陈思进，其书可嘉，其人可赞。他来自一个家族观念浓重的富豪之家。他外公曾是中国出版界历史最长、享誉海内外的商务印书馆的总经理。他的父亲，是温州知名的民营企业家，有着亿万家产。父亲希望他大学毕业后以家族利益为重，与门当户对的姑娘结婚，以便将家族生意进一步做大。他却选择了另一条人生路：与自己心爱的姑娘一起，远走美国艰苦打拼，凭自己的努力成为美国社会的金领。他在自己喜欢的生活方式中，找到了生活的真谛。

在华尔街，他从金融软件开发分析师、全球第五大财团瑞士信贷证券投资部助理副总裁，到全球第二大银行——美洲银行证券部副总裁，如鱼得水！在此功成名就之时，“9・11”却让他摇身一变，成了《读者》《北京青年报》《中国证券报》《周末画报》《海外文摘》《信报》（北美版）《世界周刊》《理财一周》《金融联理财》《经济参考报》《侨报》等众多报刊杂志的专栏作家。

曾接受《金融时报》《长江商报》《经济参考报》《信报》等众多媒体的专访，2010 年，被中央电视台邀请，接受大型纪录片《华尔街》《新闻会客厅》《人物》的采访。

《只有社会主义才能救美国》就是这样一个在华尔街滚打多年，历任瑞信证券投资部助理副总裁、美银证券公司副总裁、加拿大宏利财团资深顾问等职务的华人陈思进，为美国所写的诊断报告。

中央电视台《人物》制片人　王　越

陈思进，从一名奋斗在北美的普通中国留学生，到跨国金融公司副总裁，再到畅销书作家，始终没变的是他那种忧国忧民的文人情怀。独特的人生经历再加上历经风雨后的那份清醒，让他不仅对美国，更对中国社会现状有着独到的认识。

中央电视台著名主持人　董　倩

一个中国留学生、一名“9·11”幸存者、一位华尔街精英，活着，就是好的，这是我采访完陈思进以后最深刻的感受。一个人经历过生死的挣扎后，什么样平淡甚至乏味的生活不能够甘之如饴？看看别人，也能想想自己。

加拿大滑铁卢大学孔子学院院长、教授、双语作家　李　彦

能将诸多深奥繁杂、关乎国计民生的金融财经问题讲述得如此通俗易懂、趣味横生，是思进的过人之处，实属难能可贵。

著名影星、导演、制片　张　瑜

在美国这些年，陈思进以他刻苦钻研、坚韧不屈的精神，闯入令人向往的华尔街。在那看似没有硝烟的金融战场中，通过自身的努力，他证实了自己的人生价值。但他没有止步于此，在不惑之年又开始写作，正如他自己所言："……怎样将西方真正的先进思想和技术通过我的文字传达给国内的读者，是我写作的初衷。'9·11'后第三天，我便开始动笔了。"

《金融联理财》主编　徐景权

过度金融化、金融衍生产品的过度开发，这些可能都是金融危机产生的原因。在笔者看来，金融危机真正原因就是金融产业产能过剩，这种过剩打着金融创新的招牌和贴身服务的口号，其实，不过是资本逐利的手段。在银行网点多过米铺的时候，在危机酝酿和爆发的前夜，《只有社会主义才能救美国》向我们发出了令人深思的预警信号——华尔街既不是天堂也不是地狱，它只是金融创新的尺度。

《北京青年报·理财时代》主编　牛金荣

陈思进，这位在中国长大，在美国学习就业，走入华尔街的金融从业者，总是能轻而易举地将这个金融帝国的外衣揭开。也许因为他身在其中，他对华尔街次贷危机的分析，应该是我见到过最生动、最详实的。他的文章，见证了资本的聪明，也见证了资本的狡猾，更见证了资本的罪恶。但愿华尔街的金钱游戏教给我们更多。

《周末画报》社长助理　赖尹茹

陈思进“潜伏”资本主义的“金融心脏”华尔街多年，一直扮演清醒的旁观者的角色。他用独特的表现手法，通过一些大小人物的故事向我们呈现了人文的、现实的、残酷的华尔街，幽默却又一针见血地指出资本主义制度的症结和弊端。

陕西人民广播电台研究室主任
陕西广播电视报社总编　马小风

探究财富的来源和探究其本质一样重要，追逐财富本身和追逐财富的用途则意义大不同。将游戏玩出最高水准的人一定是最了解简单规则的人，像马克思、洛克菲勒、巴菲特、马库斯·塞缪尔。基本法则莫如：精于计算，注重价值；勤劳节俭，参与慈善。

《今日财富》杂志执行总编　殷　杉

读与华尔街金融财经相关的事，你会发现资本比娱乐八卦更加有趣。陈思进的新书体现出的是大处开阔，小处锋利。

关于“社会主义”的随想

沈敏特　中国传媒大学新闻系教授

我最近作文引了中国的一句成语：“老和尚念经，有口无心。”我要说的是，这其实是一个非常普遍的生活现象。至于每会必说的很多内容，你要向人请教请教，也大都不甚了了。至于“社会主义”究竟是什么，谁能说出个一二三四，不多！

倒是邓小平干得干净利落，不论它姓“资”还是姓“社”，就看三个是否“有利于”——是否有利于生产力的发展，是否有利于综合国力的壮大，是否有利于人民生活水平的提高。当然，那时急需稳定经济、发展生产，这一着不失为有效的良策。但经济有所发展之后，仅看三个有利于就显然不够了。

譬如，生产力是有所发展了，但如何保障持续稳定地增长；综合国力强化了，如何面对新的危机；人民生活有所提高，如何应对同步增长的贫富差距。于是，无法回避，我们还得考虑考虑如何发挥“社会主义优越性”的问题，弄懂什么是社会主义还是头等大事。再加上现实的问题纷至沓来，人们对于什么是社会主义的问题，更是有着一种切肤之痛的关注。

譬如，国有经济被认为是社会主义经济的支柱，但国企高管的收入比普通老百姓高出了百倍甚至千倍，这是不是社会主义优越性的体现？又譬如，一个为人民服务的政府，是社会主义的政治保证，但如果公仆（公务员）的工资超过了各行各业职工，甚至超过了教师和专家，这是不是社会主义优越性的体现？再譬如，如今房地产的问题闹得沸沸扬扬，对于80后、90后的大学毕业生，没房成了婚姻大事的障碍，可不少党政部门的官员房有两处已稀松平常，这是不是社会主义优越性的体现？可见，问题一具体，什么是社会主义的问题更成了令人关怀备至的重中之重。

陈思进的这本书，开宗明义，提出社会主义，而更有甚者的是，要用社会主义去救美国，称得上振聋发聩。谁都知道，美国者，世界资本主义的第一大国，怎么就挂上了社会主义？能不让人颇费思索吗！

我觉得，邓小平那种先不论其名而行其实，着眼于实际有效性，是一种很有战略性的思维方式和行为方式，是值得我们用一用的。其实，老牌的资本主义的政治家，在他们执政的具体实践中，对社会主义并不一概排斥，而是采取了实用主义的态度。

譬如，市场经济强调那只调节市场的“看不见的手”；而20世纪三四十年代，在应对经济危机中，罗斯福适度采用了一只“看得见的手”——政府调控，对渡过危机起了很重要的作用。面对新的金融风暴，奥巴马对经济上层，特别是华尔街采取监管制度的改革，对经济中下层改革医疗卫生制度，优化公共分配，这都是政府调控作用的发挥。我们暂时不必急于给这些改革戴上或“资”或“社”的帽子，但从实际观之，无论对资本主义的维系，还是对社会主义的发展，这些举措彼此都可相容、皆可获利。这说明，从资本主义到社会主义是可以有一个和平渐进的过程的。

我们曾经有过一个称之为新民主主义社会阶段的设想，这个设想无非是一个在资本主义有所发展的过程中，和平地、渐进地融入和添加社会主义因素的过程；可惜的是这个过程刚开始就被打断，使中国大陆付出了重大的代价。

我们再回想一下，恩格斯的晚年，特别明显的是 1895 年，他明确表示早年通过暴力革命推进社会主义预想的偏颇。他观察到了资本主义社会的民主制度，特别是走出了资本原始积累阶段的现代资本主义所具有的自我调节功能，发现了和平过渡的可能性。因为这种自我调节的功能，恰是接受和容纳社会主义因素的重要条件。

在恩格斯看来，这是发达的资本主义所具有的特性。这种观念成为他所领导的第二国际的指导思想。列宁主义与恩格斯晚年的思想是对立的，第一，列宁不认为资本主义的发展是建设社会主义的重要条件；第二，他认为资本主义已经进入腐朽的、即将崩溃的阶段，谈何自我调节的功能；第三，他坚持暴力革命是走向社会主义唯一的途径，并在夺取政权后，暴力应转化为专政。

这是他的第三国际的指导思想，据此，他把第二国际作为“修正主义”，给予了势不两立的批判。整个人类用了将近一个世纪的时间，付出了空前的代价，对这两种对立的观念进行了实践性的检验。孰是孰非，在头脑清醒的人群中已是一清二楚。

所以，陈思进的这本书，把美国的前途和社会主义的探讨连在一起，并非空穴来风，并非匪夷所思，恰是一个具有相当历史根据的念头。不过，他的这种探讨自有他的特点：即融入了最新的历史现实，特别是从华尔街源起而波及全球的金融风暴。

在这样一个新的历史条件下，重新探讨社会主义，让大家想一想：社会主义的基本内涵究竟是什么？建立社会主义的必要性在哪里？建立社会主义的条件是什么？当代世界谁更接近社会主义？是的，这是一个太多的问题需要重新思考、重新认识的时代！

目　录 | Only Socialism Could Save America

Only

Socialism Could Save America

第一章

经济霍乱的源头

这些年，随着美国监管机构取消对银行经营的限制，越来越复杂的金融工具不断被发明，财富也就越来越容易从大众的口袋里，“被分配”进华尔街银行家的口袋里。

赌桌上的庄家们

1. 美国“最聪明的人”在干什么

越来越复杂的金融工具不断被发明，财富也就越来越容易从大众的口袋里，“被分配”到银行家的口袋里。

在美国，什么人能每年赚到过百万美元？除了企业家大老板，就是律师和银行家（对华尔街从事交易、基金管理等金融服务的统称）。耐人寻味的是，这两种职业本身都没有创造一分财富，只是将已有的财富 Reallocate（重新分配）而已。这要从一个朋友的遭遇谈起。

5 年前，我的朋友露西在纽约出车祸，伤了颈椎。保险公司评估后，愿意支付 2 万美元赔偿费。露西去咨询律师，想了解赔偿金额是否合理。哪知道律师自告奋勇地接了这个案子，担保至少能得到 20 万美元的赔偿，而且事成之前不用她花一分钱。露西还以为碰到了“活雷锋”。

这个官司一打就是 5 年，最后赢了，获得赔偿金 20 万美元。露西高兴万分，却没想到赔偿金额是四六开，律师先拿了8万，律师费另计。露西接到律师楼厚厚一摞账单，她大吃一惊：出庭费每小时500美元，面谈每小时250美元，日常案头工作每小时200美元，总计10万美元律师费！最后到她手里的，依旧是一张2万美元的支票。律师还算“客气”，没让她倒贴。可见在整个事件中谁落袋的钱最多。

几天前，两条财经新闻引起了很多人的关注。

第一条大新闻是加拿大政府将几大烟草公司告上法庭，索赔3 500亿加币！索赔的理由是烟草公司刻意隐瞒、销毁科学研究报告，致使加拿大政府的医疗费用每年多支出上百亿加币。被销毁的报告指出吸烟对人体之害堪比海洛因，不但伤害肺部，而且更容易让人得心脏病，还会引起脑出血、糖尿病，严重者将丧失免疫能力，而且对无辜的二手烟吸入者伤害更大！

不禁想起，几年前美国政府聘请律师团，状告烟草公司的“世纪官司”，牵涉6 000亿美元，震惊全球。人们本以为美国政府要给烟草公司一点“color see see”了。可烟草公司不是省油的灯，哪会等着被宰，他们花费巨资请了实力雄厚的大律师团，跟美国政府“拼”。很显然，烟草公司更胜一筹，结果就像O.J.辛普森的案件那样，以律师颠倒黑白的本领使这起大案大事化小，小事化了，最后也只是在香烟的包装上加了吸烟有害的健康警示，以及增加了烟草税。

羊毛总是出在羊身上的，政府的官司费用由纳税人买了单，烟草公司的律师费和烟草税，通过香烟加价，最后还是由消费者承担。而律师就将几千万美元的律师费“袋袋平安”。这次加拿大政府起诉烟草公司，想必又是如此这般。不管怎样，最大的赢家肯定还是律师，他们数钱数到手发软。

第二条新闻是针对高盛的CEO兼董事会主席劳埃德·布兰克费恩（Lloyd Blankfein）的采访。美国的金融危机还远未过去，高盛却宣告2009年可望成为“最赚钱的一年”，奖金数额将创历史新高，平均每位员工可获得70万美元的红包。对此，美国各界反应强烈，一片不满之声。布兰克费恩在电视上为奖金问题辩解说，不给高薪就留不住“天才”。

美国律师是赚钱机器，但是跟华尔街的银行家一比，那真是小巫见大巫。经过这次金融危机，人们总算看到了，大大小小麦道夫分配财富的能量。这些年，随着美国监管机构取消对银行经营的限制，越来越复杂的金融工具不断被发明，财富也就越来越容易从大众的口袋里，“被分配”进华尔街银行家的口袋里。

据报道，即使在金融危机远未过去、绝大多数人的投资依然大幅缩水之际，华尔街仍然可以支取比2007年还要高的薪酬。

由此，形成了一种恶性循环，一批批“最聪明之人”被华尔街的巨额收入所吸引，参与制造惊人的泡沫，进而伤害实体经济，危害社会大众。不知道如此的戏码要演到何时才结束？

希望华尔街的金融大鳄适可而止，如果绵羊成长的速度无法赶上狼群的增长，最后就只能是狼吃狼了。

劝劝大家，惹不起还躲不起吗？想在股市上赚钱的，最好别想了，没办法，谁让华尔街人是最聪明的呢。

2. 华尔街的大脑

活到老，学到老，工作到老；精于计算，注重价值；勤劳节俭，积极参与慈善等。他就是巴菲特！

我曾有个犹太同事尤尼，他是哈佛大学教授，被我当时所在的投行请来做金融产品资深顾问。虽然只和他一起共事了几个月，我却从他那里学到了金融最本质的东西。

他给我讲过一个小故事，令我终生难忘！

“话说，有一个亿万富翁，全家要出去度假一周。在出去前，他去银行贷款 5 000 美元。银行的业务员问他准备拿什么做抵押。他说他有一辆劳斯莱斯，不知行不？劳斯莱斯？‘当然行啦！’那个业务员脱口而出。于是，当场拍板成交。”听到这儿，我不禁问道：“他那么有钱，为何还要借 5 000 美元呢，借钱是要付利息的呀。”尤尼笑着说道：“Got you!（卡住你了吧！）”

原来，他们全家出游，如果将劳斯莱斯交给保险公司的话，至少要付 50 美元。而他问银行借 5 000 美元，当时贷款的短期利率是每年 18%，等于只需花 20 美元的保费（利息）；而且银行的车库还比一般保险公司的车库更保险。

这个犹太人牛！

听了这个故事后，我就对周围的犹太人特别留意。有时，中午没事我一个人在公司周围遛遛，发现犹太人也是华尔街的一大景观，特别在纽约证交所周围。他们一群一群的，戴着黑色高帽，两耳边上各垂一根小辫，身着黑大褂子，黑眼睛、黑头发、皮肤白皙。

后来，渐渐地明白，犹太人就是“The Brain of the Wall Street”（华尔街的大脑）。华尔街 80% 以上的投资产品，都是犹太人发明的。放眼全球，犹太人几乎掌握着这个世界大部分金融命脉！

美孚公司的创始人，第一个所拥有的财产总值超过 10 亿美元的资本家，世界石油大王洛克菲勒先生，是位犹太人。洛克菲勒的创业史，在美国早期富豪中颇具代表性，异常冷静、精明，富有远见，凭借独有的魄力和手段，一步步建立起庞大商业帝国，这是典型的犹太人性格。洛克菲勒说：“如果把我剥得一文不名丢在沙漠的中央，只要一行驼队经过，我就可以重建整个王朝。”

“大道无形”的世界首富

华尔街的大脑是谁？犹太人。这里 80% 以上的投资产品都是犹太人发明的。很多人都说，华尔街里所有的做市商（Market Maker）都是犹太人。要论财商，谁都比不上他们。你要想明白金融的本质，就要拜犹太人为师。提到金融领域里的犹太人，恐怕，有很多人是我们不能遗漏的。从谁开始好呢？不如就从巴菲特开始？

这位大名鼎鼎的世界首富，是一位将一家纺纱厂变成庞大的投资金融集团的犹太裔先生。他公司的股票在30年间上涨了2 000多倍，早在两年前，其A股股票的价格就超过了每股10万元。和他吃一顿饭的最新成交价格是211万美元。他身上还保留着许多犹太人的特性：活到老学到老，工作到老；精于计算、注重价值；勤劳节俭、积极参与慈善等。

当然，还有我们的前任美联储主席格林斯潘和现任美联储主席伯楠克。这两位主宰着美国中央银行乃至整个美国金融命运的人，都是犹太裔人。说他们两位同时影响着全世界的金融秩序并不过分。美国的利率变化，什么时候不是全世界央行的风向标？

如果你看过《货币战争》，一本一经发表就引起了巨大争议，揭露了无数或真或假的秘密的书籍，书中的主人公就是号称控制了世界黄金市场和华尔街乃至欧洲金融命脉200年的传奇家族——罗斯柴尔德家族。

他们被称为“大道无形”的世界首富，号称拥有超过50万亿的财富。“严密的家族控制，完全不透明的暗箱操作，像钟表一般精准，永远早于市场的信息获取，彻头彻尾的冷酷理智，永无止境的金权欲望，以及基于这一切的对金钱和财富的深刻洞察和天才的预见力，使得罗斯柴尔德家族在世界两百多年金融、政治和战争的残酷旋涡中所向披靡，建立了一个迄今为止人类历史上最为庞大的金融帝国。”书中的这一描述，似乎也是对犹太裔人特性的最为露骨的描述。

还有一些我们相当熟悉的名字，什么摩根家族、雷曼兄弟家族等，他们身上无不体现着犹太人的共同特征。其实犹太人是一个人口数量很少的民族，这个民族的人口从来就没有超过 2 000 万，是什么让一个人口如此之少的民族，对世界格局的变化，产生如此之大的影响？犹太人的精神又是如何传承下来的？

犹太家族的秘诀：教育为先

中国人常说“富不过三代”，然而，洛克菲勒家族从发迹至今已经绵延六代，仍未现没落的迹象，这与他们的财富观念和从小对子女的教育息息相关。他们的家族崇尚节俭并热衷创造财富。

犹太人从他们的历史中深切体会到，知识就是财富，而且是别人夺不走的财富。历史上，他们曾多次遭受迫害和驱逐，财产被没收，有形的财富在一夜间丧失殆尽。“知识不会被抢夺且可以随身带走，教育才是最重要的。”犹太人不焚书，即使是一本攻击犹太人的书。犹太人爱书的传统由来已久，深入人心。在人均拥有图书、出版社以及阅读量的比例上，以色列为世界之最。

洛克菲勒家族的子孙之所以能获得日后非凡的成就，和他们自小受到的家庭教育有很大关系。为了避免孩子被家族的光环宠坏，不管是老约翰洛克菲勒还是小约翰洛克菲勒，在教子方面相当花心思，并有一套祖传教育计划。父亲鼓励孩子做家务挣钱：逮到走廊上的苍蝇，每100只奖一角钱；捉住阁楼上的耗子每只5分，背柴火、劈柴也有价钱。第三代传人劳伦斯和他哥哥纳尔逊，分别在7岁和9岁时取得了擦全家皮鞋的特许权，每双皮鞋2分，长筒靴每双1角。

严格的教育和系统的财富理论造就了一代代犹太人。无论他们在哪个国家，从事什么样的职业，都进行着创造财富、累积财富、控制财富的活动。当一个民族可以控制全球石油价格、主要国家的货币政策，进而影响世界经济的发展时，还有谁可以忽略这个曾经被嘲笑、被排挤、被压迫，甚至差点灭亡了的民族？

约翰·D.洛克菲勒是现代商业史上最富争议的人物之一。一方面，他创建的美孚石油公司，在巅峰时期曾垄断全美80%的炼油工业和90%的油管生意；另一方面，洛克菲勒笃信基督教，以他名字命名的基金会，秉承“在全世界造福人类”的宗旨，捐款总额超过5亿美元。

1882年，他开创了史无前例的联合事业——托拉斯。这个极易聚集财富的结构使标准石油（后来的美孚石油）两年后成了全世界最大的石油集团企业。洛克菲勒也成了蜚声海内外的“石油大王”。1910年，洛克菲勒的财富已达10亿美元。

在那个时代，他同样也是最遭痛恨的人之一。通俗小报不断抨击美孚石油公司的经营活动，指责它犯下的诸多罪行，包括谋杀，它毫不留情地清除所有竞争力量，以巩固自己在石油行业的垄断地位，这点恐怕是很多犹太裔人最为让人诟病的地方。

我们中国人所熟知的马克思就是犹太裔人。

英国壳牌公司的创始人之一，马库斯·塞缪尔也是位犹太裔人。他原本是伦敦的一位运输商，后来进入石油行业，成为英国壳牌运输贸易公司的老板，后来，还当上了伦敦市市长。

1891 年，他争取到了与罗斯柴尔德银行订立的合同，允许他的公司在苏伊士运河以东地区独家经营里海和黑海石油公司的煤油，为期 9 年。他所订造的油轮有了重大的技术进步，增加了许多新的安全措施，比如，油轮具有适应煤油在不同温度下膨胀收缩的特点，使爆炸起火的风险减低到最低的程度等等。这与当时航行在美国东海岸和欧洲之间的美孚石油公司的油轮不同。

他的犹太人身份并没有给他带来什么好处，1891 年夏天，欧洲的一份报纸上隐晦地报道说，在一个“希伯来影响”下的、强有力的金融家和商人集团，正在试图将油轮通过苏伊士运河。他的举动在当时的欧洲掀起了相当大的风波。

3. 亿万富翁们的特质

成为华尔街富翁的前提，必须比别人更“Mean”。

绝大多数的人都是带着成为亿万富翁的梦进入华尔街的，但是最终，虽然坐拥百万属中产，积累千万也多如牛毛，身家能上亿的却只有百分之一。什么原因？是这些富翁智商特别高？不是！能进华尔街的都不是省油的灯。长得特别标致？也不是！跑得更快、跳得更高？更不是！是他们有背景、有靠山？倒也没有！他们中绝大多数是靠单打独斗成功的。

其实，想要成为富翁的前提就一条，必须比别人更“Mean”（卑劣、刻薄）。

我在华尔街遭遇的第一个刻薄之人，是在敲开这扇“门”前的一次面谈中碰到的。

那是华尔街一家大投行，我已顺利经过两轮面谈（第一轮我的直接上司，第二轮我今后的组员）。周五下午四点半，猎头安排我见部门大老板Leonard，只要他说一声“行”，我就闯进去了。

那天我西装笔挺，像模像样地提前15分钟来到Leonard的办公室。他的秘书进去通报后，让我稍等。我在外面的沙发上拿起一本杂志看，半个小时后，秘书又进去提醒他，我在等待他“召见”。他说再过5分钟，让秘书先走。结果，我一个人坐在外面一等就是3个小时，又不能贸然闯进去。直到8点，我忍无可忍地敲响了他的门，门那面却全无反应。后来，我还是从猎头那儿得知的，他招呼都不打，早已从另一个出口溜走了。他还振振有词地告诉猎头，我们这8点、10点下班是家常便饭，这次算是小小的考验。最近，在一本杂志上读到关于Leonard的专访，他已经身家5亿。

另 件刻薄的事发生在我的同事Ken身上，令我印象深刻。

Ken约好女朋友去法国度假一周，他早在一个月前就向老板Sam请了假。可就在放假的前一天，Sam的上司要求Sam交出下一周的工作报告。Sam急了，因为他要去参加一场很重要的高尔夫球比赛，跟他的客户谈生意。怎么办？Sam假装忘了Ken要去法国度假，他命令Ken在周一上午之前完成那份工作报告。Ken为难极了，但面对刻薄的 Sam，他不得不取消度假，利用周末，按时交出本该由 Sam 完成的工作。如今 Sam 也早已是亿万富翁，在怀俄明州拥有大片土地。

富翁们，不但对上下级同事非常 Mean，他们对待女性的态度也异于常人。华尔街上好些富翁都是钻石王老五，身边自然不缺美女。但这些钻石王老五认为，婚姻是一项长线投资，在某个特定的时候美女提供漂亮的外表，我们出钱获得美色，多么公平的一场交易。不过，美女的美貌会逐年消失，就像豪华车，车的价值在到手后的一瞬间就已经“Depreciation”（贬值）了，而我们的钱却往往会越来越多。用我们的行话，每一笔交易都有一个仓位，跟美女交往属于“交易仓位”（Trading position），一旦价值下跌就要立即抛售，不宜长期持有。

所以，华尔街那家著名的美女援交俱乐部生意兴隆，富翁们隔三岔五去那“租用”美女。纽约前州长华尔街著名律师就是那里的常客，按美女的等级支付租金，每晚 5 000 到 50 000 美元。

俗语“一滴水可以看一片海洋”。从这几件“小事”不难看出华尔街富翁的特质。一如周立波《笑侃大上海》最后那个段子所述：“资本的原始积累都是不要面孔的……不缺德哪里赚得到这么多钞票？”由此总结出中国老祖宗的话，“为富不仁”。

4. 华尔街 CEO 的高薪与扯谎伎俩

先是怪市场，接着一批批裁员，最后公司被纳斯达克以 5 亿美元收购，我所在的部门全部下岗。大卫却拿到一笔 5 000 万美元的遣散费。

近日，路透社在北美各大财经网站做民意调查，请大众投票是否该给北美公司 CEO 高薪。

CEO 是公司董事会选来为公司掌舵的，对公司和广大的股东承担着信托责任，其好坏关乎公司的命运，多拿些钱似乎无可厚非。假如没有这次金融海啸，或许，人们对 CEO 拿多少钱无所谓。日本、德国和北欧 CEO 的薪酬通常是普通员工的 5 倍，最高 7 倍，其他欧洲公司最多 10 倍。而北美公司 CEO 的薪酬高于员工 20 到 30 倍，华尔街的 CEO 与员工的薪酬比则高达 50 倍，甚至上百倍，似乎有些离谱。特别是这次金融危机，华尔街的 CEO 无视企业和广大股东的利益，把信托责任丢在一边，大玩风险游戏，致使公司面临倒闭，非得要靠纳税人来挽救。即使到了被赶下台的地步，滚蛋之际还要掠走几千万甚至上亿的“奖金”，实在匪夷所思。“奖金”是奖励他们采用不道德的手段剥夺社会财富，以最大限度地扩大个人的金融收益？

我在华尔街多间大投行工作过，无论是在 Town Hall 会议上听公司的 CEO 做大报告，还是在圣诞聚会中与他们握手寒暄，感觉他们个个能说会道，讲话富有号召力，这就是他们的 Charisma（领袖魅力）吧。

9 年前，我从多伦多回到纽约，受聘于当时一家正红火的 ECN 公司。这家 ECN 公司由高盛、美林等 26 家大小投行投资 2 亿组建，从 ECN 的鼻祖 Instinet 里面挖了一大批人，包括其 CFO 大卫，成了我们这家公司的 CEO。

当时的公司规模还小，只有 150 名员工，大卫每天上班都要在办公室巡视一周，跟每个员工打招呼，鼓励大家好好儿干，说 ECN 是华尔街的大趋势，我们不久都会成为千万甚至亿万富翁。还隔三岔五带我们到餐馆去聚餐，感觉他就像个部门经理，和大家相处得非常随意。

有一次晚餐聚会，带着酒意，我大胆地问大卫，你们 CEO 究竟干些什么事。大卫可能也喝高了，他告诉我们说：“这本来是秘密，今天我告诉你们，讲个故事吧。”

“有家公司新来了个 CEO。刚下台的 CEO 临走时，递给接班人三封编了号的信封说：‘别担心，如果今后你遇到解决不了的问题，按顺序打开这几个信封就行，记住，一次只能打开一个。'" 我不禁想起了诸葛亮的锦囊妙计，原来美国也流行这个。

只听大卫继续说道："开始的六个月一切顺利。但六个月之后销售开始下滑，市场谣言四起，股价也跟着下跌。这位新 CEO 感到了压力。就在他束手无策时，他想起了前任留下的信，便拉开抽屉，拿出了第一封信。他打开一看，里面只有一句话：'Blame your predecessor.'（怪你的前任）。"

"于是，新 CEO 立刻召开记者招待会，巧妙地把目前销售的下滑，归罪于前任留下的问题，他正在着手解决，销售额就会回升的。他的话得到了市场的认可，公司股票开始回升。"

"又过了六个月，公司产品出现了不少的问题，销售额还在继续下降，股票再一次大跌。这次，他迅速打开前任 CEO 的第二封信，只见纸片上写道：'Reorganize'（重组）"。

"新 CEO 立刻对外宣布，公司将大幅度裁员 25%。市场立刻有所反应，公司股票迅速反弹。"

"又过了几个月，该公司实在撑不下去了。这位 CEO 关上办公室的门，打开了第三个信封：'Prepare three envelopes'（准备三个信封吧）"。

大卫讲完了，大伙哈哈大笑，我最为佩服的是，大卫自我调侃的幽默感。

原来只当这是个笑话。可“9·11”后我们公司所经历的就是这样一个过程：先是怪市场，接着一批批裁员，最后，公司被纳斯达克以5亿美元收购，我所在的部门全部下岗。大卫却拿到一笔5 000万美元的遣散费。散伙那天，我们收到他的一封电邮：“我退休定居西班牙了，今后，你们来西班牙玩，我做东。”

5. 你会被华尔街投行雇用吗

事实上，在华尔街混，除了必要的学历、经验和业务能力，有时软能力更重要。

华尔街是“精英”荟萃之地。1994 年以前，这里是白人的天下。即便白人，也要是十大名校的毕业生才有资格进去。不过，任何事情都有例外，比如华尔街的交易员、金融产品的推销员等职位，对学历的要求倒不高。

最近，我朋友的儿子约瑟夫闯入了华尔街。换在平时，大家说声祝贺也就过去了。可目前金融危机尚未过去，去年华尔街裁下来的人群中，大约有一半还在寻寻觅觅地找工作。作为纽约一所普通大学的历史系学生，离毕业还有一个学期，专业又跟金融证券完全不沾边，约瑟夫到底是怎么进入华尔街的？

原来，一个月前的某天，约瑟夫偶然在大学校园的广告栏里看到一张小的广告。上面什么也没写，只有一个网页：www. 后面跟着一串奇怪的数字和字母符号。他觉得很有意思，便把这个网址记住了。回家上网时，他顺便点击进去，想不到里面有一道题目，要求他在10分钟内对一条时事新闻谈一点看法。他立刻洋洋洒洒地写下大段文字，尽情地发表了自己的见解。10分钟一到，屏幕上突然闪出一份表格，他一看，是华尔街交易员助手职位的申请表，请他填写。

不久，华尔街这扇大门向他打开了。

尽管我在华尔街闯荡了十五六年，听完约瑟夫的“奇遇”，还是不禁叫绝，想出这一招聘方法的人实在是太有才了！

能在花花绿绿的广告栏里，注意到一张不起眼的广告——说明这个人对他周围世界的新鲜事儿很有好奇心；能把由数字和字母组成的网址记在脑子里——说明这个人过目不忘，记忆力超强；回到家上网时，居然还记得点进去看一看——说明这个人做事有恒心；看到一条新闻能谈自己的见解，说明这个人喜欢表现，也喜欢思考；继而对时事新闻在十分钟内进行综合分析，而不是人云亦云，说明这个人反应敏捷，见多识广，而且智商不低。这些不正是一个成功的交易员最基本的潜质吗？

在投行最令人羡慕的职位莫属交易员，每年的红包，动辄百万、千万，上亿美元也时有所闻。不过，做交易是一件压力极大的工作，要求交易员具有全面的市场知识、掌握金融工具和具备心理直觉，不但智商财商要高，情商更为重要。对他们的面谈方式自然也花样百出。

我的朋友克里斯是个交易员，谈起他进德意志银行证券部的面谈经过，简直惊心动魄。他原来在英国的一家投行做交易员，有五六年的经验，资历也不浅。当时，德意志银行证券部有一个交易员的位置空缺，是专为一个大富豪做交易的，所做的证券产品正好都是克里斯很熟的，而底薪将提高一半，奖金也按业绩分成。克里斯知道那个富豪嗜赌，交易频繁，也就是说，交易量巨大，业绩容易上去。于是,他希望跳槽过去。克里斯将求职信一投过去，便立刻被安排面谈了。

面谈那天，克里斯一走进办公室，他未来的老板先与他握手，给他让座，对他彬彬有礼，问他住哪里，坐几号地铁来办公室？通勤方便吗？……突然，老板起身一拍桌子，抓过茶杯猛地往地下一摔，向他吼道："You! Get lost! You stupid idiot!"（你！还不快滚，你这个蠢货！）好在克里斯久经沙场，这样的场面见多了。他镇静地坐那儿，笑眯眯的什么都不说，等他老板"发飙"完了，他才慢条斯理地开腔说话。结果如愿以偿，他拿到了这份令人满意的聘约。克里斯很清楚，这种面试的目的，就是测试他今后是否能面对那些蛮横刁钻的大客户，是否对突发事件有足够的应对能力。老板可不希望他的交易员弄丢大客户。其实，在面谈之前，他就已做好了心理准备。

说了约瑟夫进入华尔街的经历，和克里斯那令人震撼的面谈，不禁想起我跳槽时遇到的一次电话面谈。

那次，我应聘的瑞士信贷，是全球第五大财团之一，其属下的投资银行 CSFB 在华尔街也是十大投行之一。

那天傍晚下班刚到家，我接到一个电话，一个自称唐纳的人一开口便问我："你是不是申请了 CSFB 的职位？"

我说，是啊。神经马上高度紧绷，准备应付他给出的金融和技术等问题。

没想到他第二问题竟然是："知道全世界哪儿的房价最高吗？"我一愣，立刻回答："旧金山"。他接着问："那么哪里的生活水平最高呢？""当然是日本东京啦。"我答道。

"那么德国人最爱开什么车？日本人开私家车多，还是乘公车的多？"他一个接着一个地问我这些与专业毫不相关的问题，接着又问道，"哪个影星又在哪儿领养了第三个孩子"，"哪个棒球队最近以一球之差屈居亚军"，"哪本小说进入了销售榜"等，东拉西扯足足聊了两个半小时。幸好，我爱看报刊和各类"闲书"，记忆力又还行，这些事都能侃侃而谈。

唐纳跟我聊得挺投缘，让我第二天去见他。瑞士信贷的门也就这样对我敞开了。

当时，我很纳闷，为什么唐纳会在电话里问我这些问题？后来，与唐纳相熟后，便刨根问底。

他告诉我，他清楚中国高学位的专业人士，业务绝对不成问题，可与人打交道通常很成问题，有点儿“读书读傻”的味道，也就是缺乏“Social Currency”，说通俗点是“社交能力”欠佳。而我的工作，需要与交易员们打交道，必须能“侃”。所以就东拉西扯问我那些问题，没想到正撞到了我枪口上。看来华尔街人也喜欢拉关系。

事实上，在华尔街混，除了必要的学历、经验和业务能力，有时，软能力更重要。

6. 华尔街最看重的能力

Communication skills，望文生义，其实就是能与上下级及时、准确、无误地进行沟通，进而建立融合的人际关系，利人又利己。

在北美，无论是浏览报纸的广告，还是通过猎头找工作，雇主对雇员的头一条要求总是“Strong Communication Skills”。英语是我的第二语言，出国后，我经历了很长一段时间的语言关，所以，对这一条很自然地理解为，雇主对应聘者英语听、说、读、写能力的要求。试想，哪个雇主会用一个连“男女”都不分的员工（中国人讲英文最常见的口误是将“he”说成“she”）。

经过十几年职场上的摸爬滚打，我渐渐地明白 Communication skills，望文生义，其实就是指娴熟的沟通技巧：能与上下级及时、准确、无误地进行沟通，进而建立融合的人际关系，利人又利己。这种技能在华尔街职场尤其重要，可又正好是华尔街中国人的软肋。事实上，哪怕说的是同一种语言，也未必能够顺畅沟通。先讲个老段子。

有位仁兄大摆筵席宴请宾客。时近中午，还有几个人未到，他自言自语地说："怎么该来的还不来？"听到这话，有些客人心想："难道是我不该来？"于是纷纷起身告辞。这位仁兄非常后悔说错了话，连忙解释说："不该走的怎么走了？"留下来没走客人心想："那该走的应该是我了？"便也起身告辞而去，最后只剩下一位多年的好友。好友责备他说："你看你，真不会说话，把客人都气走了。"那人辩解说："我说的不是他们。"好友一听这话，顿时心头火起："如果不是他们！那就是我了！"他长叹一口气，也走了。这就是不懂沟通之人闹出的笑话。

话再说回来，能进华尔街的中国人，几乎个个高学历、高智商，全是自视甚高的人。这些人，遇到难题，都想尽办法自己解决，最怕同事露出不屑的眼神，那简直比鞭子抽在身上还难受。在工作中，如果进度已经滞后，中国人会想靠自己的努力，加班加点，暗暗迎头赶上，而不是如实向上级汇报，大家共同合作，解决问题。曾经与我一起工作的大王，个人能力很强，打小就在各种赞扬声中长大，进了华尔街，当然更想露一手。

有一次，他们的四人小组接了个小项目。一个专门写文件的同事，收集客户的要求；一个同事负责设计模型；大王的工作是根据模型负责开发，再由另一个同事进行测试。大王看了客户的要求后，每天早出晚归，独自一人，卖力地埋头苦干。他上司以为他刚进公司，各方面都需要适应，并给了他宽裕的时间，还时常询问他项目的进度。这位老兄想一鸣惊人，总是回答快了快了。离开项目 Due day 没几天了，他的上司又去问他项目的进度，想不到他报告上司说，“I am finished.”

他的上司一听急了，什么，闹了大半天他完蛋了（I am finished 是“完蛋”的意思）！任务还没完成？便怒从心头起，火暴地带着“F”字恨恨地训斥他，闹得大王丈二和尚摸不着头脑，更急得连连解释：“I am finished, I am finished。”

最后，上司总算明白了大王的意思：I am Done。大王非但完成了他自己的那部分，而且将测试的工作也连带着都做完了，更纠正了模型中的几个小错误。如果在中国，大王的表现很可能会被大大地赞扬一番。但是，在华尔街这高度分工之地，他却犯下职场大忌。幸好他的上司念他刚进公司，教训了他几句也就不追究了，否则，他真要“finished”了。

经过那次教训，大王意识到了沟通能力的重要性，而沟通是要通过准确的口语来进行的。毕竟是聪明人，在往后做项目时，大王不但注重与上司保持沟通，也时常跟自己的组员通报工作的进度状况。由于大王业务能力极强，不久，他便成了组里的骨干，以及上司的左右手。

又有一次，他们小组将要与另外两个小组合作开发一个新项目。像往常那样，在新项目开发之前有一个 Kick-Off Meeting（开球会，指项目开始的会，就像踢球比赛开始那样），三个小组的头儿和各组的骨干全部参加，讨论项目的结构问题，上司也叫上大王一起参加。大王兴奋极了，事先做好了准备，想趁此机会好好表现一番。

几天后，三个小组聚在一起开会了，就在讨论结构问题时，大王的上司提议因为新项目并不复杂，只要主从结构设计即可，这样开发时间短；但大王在会上却否认主从结构，他认为这一结构不利于系统进一步扩张，一定要在中间加上一层，他毫无顾忌大嘴巴似“噼里啪啦”讲了一大通，说明这种系统的优点，完全没有留意到他上司的脸色渐渐黑了下来。

大王哪里想到即便他是技术骨干，在团队中尚属后来者，是资历最浅的新手。一般来说在与其他小组商讨项目时，上司和同事都是前辈。在这种情况下新人表达自己的想法时，应该尽量采用低调、迂回的方式。特别在不了解内情的情况下，诸如开发项目上面拨了多少资金，以及期限的长短。

而当自己与上司的意见相左时，不管在中国还是在美国，都要顾及对方的面子。别以为美国人比中国人直爽，就可以口无遮拦。特别在公开场合。

幸好大王的上司已经很了解他，知道他有书呆子气，所以也没给他小鞋穿。散会后立刻建议大王去报名 Toastmaster（Toastmaster 是一个全球性的非营利俱乐部，通过模拟练习和即时反馈，训练沟通能力。——编者注）班，好好训练在不同场合说话的方式。

如今的大王早已是职场高手，明白在华尔街小到一个组，中到一个部门，大到一个公司，每一个人都是其中的一颗螺丝钉，沟通是最重要的能力。而Communication是建立在“合作”和“了解”的基础之上的。只有充分了解同事以及上下级的职责，把自己放到他们的位置上，考虑他们的需求，才不至于像当初那样，要么影响整个团队的战斗力，要么贸然得罪上司，差点“砸”了自己和别人的饭碗！

7. 华尔街的服饰标准

当一个人还没开口说话，还没有机会表现才华时，别人只能根据外表，来判断此人是否懂行规。英语有句俗语："First impression last."

据说，国内对海外华人有一个"三气"的评价：第一，"花钱小气"，的确如此，初到海外的华人大都赤手空拳打天下，每走一步都很艰难，每挣的一分钱都浸透了汗水，花钱时自然要算计算计；第二，"说话洋气"，这也不假，为了融入主流社会，学洋文、说洋话多年，回国时一不小心就会露馅儿，我想，多数人不是为了"显摆"才说洋话；第三，"穿着土气"，对此我感触颇深，也闹过好多笑话。

毕业后，我到华尔街找工作，履历发出不少，可面谈的机会接近零。为什么呢？后来，还是一个猎头挑破了这层"窗户纸"说，我的一身西装不是全毛的，皮鞋的式样不入流，袜筒太短，且颜色也与皮鞋不匹配，领带的花式又不够正规。本以为美国人穿着随便，哪想到华尔街竟对穿着这么苛求。为了符合"街上"的行规，我从上到下大换装：挺括的精纺棉质白衬衫；精致的袖扣；意大利真丝红领带，艳中偏暗，把白衬衫和黑西装烘托得恰如其分，不像鲜红那样老土；黑皮鞋擦得锃亮发光，又故意弄出几条皱褶，看上去更体面；公事包也换成意大利真羊皮，柔软无比。当我换成这身行头再站在猎头面前时，面谈的机会呈几何级增长。不能说华尔街人势利眼。试想，当一个人还未开口说话，还没有机会表现才华时，别人只能根据外表来判断此人是否懂行规。英语有句俗语："First impression last."（最初的印象永不改变。）

进华尔街没多久，公司新规定，礼拜五可以 Casual Wear（便装），即不必西装革履上班。这样一来，新的麻烦又出现了。公司里绝大多数的中国人以为 Polo 牌子的 T 恤、衬衫档次高。一到礼拜五，大家擦肩而过，眼睛偷偷一瞄，人人胸前一个骑马挥杆儿的 Logo，简直像制服，傻透了。回头再看老美，人家从上到下搭配恰到好处，衣服上不带 Logo，但是质地非常精良。这才明白"casual wear"并不是随便穿，反而比西装要求更高，更难搭配，着装的品位高下立现。有位台湾同事，喜欢麦晋桁杰克逊，一次脚蹬黑皮鞋着白袜，裤腿缩在小腿部。老美看着他偷笑，调侃他，让他跳 Moon Walk。

总而言之，在华尔街上班，每天换衬衫、领带、西装和皮鞋是绝对必需的，而且必须刮胡子，鼻毛和指甲也要清理干净。我们这些朝九晚五的男士们如此，女士们也不轻松。

女性上班的装束，也很有学问，太性感的服装肯定不行，这样会对周围的同事造成心理影响。高级职位的女性尤其如此，穿着太性感，会被视为不称职，无论她们的技能如何。夏天对女性装束的挑战最大，无衬里的裙子或迷你短裙，凡穿着的衣服能隐约显出胸罩颜色或内裤线条的，都应该避免，以免引得男同事背地里窃窃私语。公司里的女士被提拔后，在挑选服饰方面，往往比一般的女同事更为谨慎、更为精挑细选。

当时，我们部门有个助理副总裁的位子空缺，有两位女士候选人，她们都符合升职的条件，而位子只有一个，谁能上呢？我跟组里的两个同事打赌，那位上班时常穿一双 scuffed shoes 的肯定落选。为什么？细节很重要，也许，那位女士嫌高跟鞋挤脚，到了公司后便换上舒适的便鞋，就算她的其他服饰挑不出毛病，那双鞋子也会拖她的“后腿”，走进走出的整体形象已经大打折扣。

政治家和名人，为了自己的职业生涯，也必须注重自己的外表。希拉里·克林顿就是典型的例子。她因为服装过于死板和男性化，而遭到她政敌的非议。在总统竞选中，为了凸显她作为妻子和母亲的作用，以便赢得公众的投票，她不断地改变装扮，刻意强化了传统女性柔和的形象。

在美国公司，雇主对雇员制定服装的要求是合法的。其实，我们不需要阅读公司的手册，以了解穿什么服装上班。当我们新到一家公司，最简单的方法就是环顾四周：看看经理上班是否脱掉外衣，他或她是否穿紧身牛仔裤或短裙等，这样就可以避免出错。哪怕你的工作不需要见客户，还是要注意自己的装束，给上司或者未来的上司留一个好印象。

等我懂得上班应该怎样着装了吧，有一天接到老板的邀请，到他长岛的豪宅去参加Party。因为，想起老板平时穿着讲究，我便一本正经西装笔挺，像模像样地坐火车到了长岛。老板开着一辆红色的法拉利跑车来接我。他打开车门向我走来，像看外星人那样盯着我。而我以为自己看走了眼，老板穿着人字拖和沙滩裤，上身一件粉色的T恤衫，那身打扮跟他往常的形象大相径庭，像个跳嬉哈的小年轻。我当然惊讶得不知说什么，老板却开玩笑地逗我说，怎么，我们家都好好的，你来参加谁的葬礼？一到他家，他赶紧找出儿子的便装让我换，那天是烧烤party，西装革履吃烧烤，岂不好笑？

自此，但凡参加Party，我一定会先问清楚“What’s the dress code?”免得尴尬无比闹笑话。临近年底，公司在游轮上举办圣诞Party，我得知那晚和周五上班那样是casual wear。而那天有位老中同事又是西装笔挺，惹得老美同事一见他就问他要吃的，弄得他是一头雾水。后来才发现，那天他的穿着跟游轮上餐厅的服务员一模一样。

在欧美待久的人，回国的目的通常是探亲访友，肯定是休闲服、休闲鞋，不会西装革履、长裙曳地的。但如果回国参加其他的活动，因为离开中国太久，已经不清楚他们的Dress code。在参加各种活动之前，最好还是先问一声：“What’s the dress code?”

8. 道德对于华尔街是个奢侈品

金融分析师被公司雇用了，就得听公司的，而公司收了客户的钱，就得听客户的，就得昧着良心颠倒黑白、指鹿为马。

岱璠曾是我手下，我们在BRUT ECN一块开发管理网上自动交易系统。他来自斯里兰卡，麻省理工电脑系的高材生，被微软挖角屈就了三年，拿到绿卡，便冲华尔街而来。

华尔街令岱璠大开眼界，特别是金牌金融分析师，只要嘴皮子动一动便大把美元落袋。但是，转行当一个金融分析师谈何容易，除非有华尔街前辈的提携，否则只能按部就班一级一级朝上爬。岱璠利用业余时间奋战六年，先攻下了MBA，又考出CFA（Chartered Financial Analyst，特许金融分析师）。按当时媒体的宣传，一旦拿到CFA，就可以平步青云了，就等于手握一把金库的钥匙，大把百万高薪的职位在那儿恭候。

或许太多人看到了媒体的宣传，又有太多的人涌入华尔街，特别是大批“考试机器”的中国人和印度人成为CFA，百万高薪的职位骤然缩减。结果，等岱璠成为CFA，颇费一番周折才找到初级分析师的职位，基本薪水不升反跌，所幸老板承诺奖金不封顶。

上班第一天老板发给他一个“黑莓”(BlackBerry 手机)，必须像妇产科大夫那样 24 小时 Standing by；每天埋头在成堆的文件数据中，做收入分析、现金流量评估和研究资产负债表；天天为大牌分析师至少写三份报告，使那些大师可以对投资者发布“买入”、“卖出”和“持有”的建议。真是“干得比驴累，吃得比猪差，起得比鸡早，下班比小姐晚，装得比孙子乖，看上去比谁都好”。

累一点倒也没什么，由于岱璠的分析和建议对股价起到了相当大的作用。往往建议“买入”一只股票时,股价会神奇般地上涨。而当建议“卖出”一只股票时，股价便鬼使神差般地下跌，仿佛是他在指挥股市上下起伏，满足感使岱璠忘记了疲惫，感到付出有了回报。

然而，岱璠渐渐发现他时常不得已地作假。

有一次，他手上一家客户要给员工配股定价，上司指定岱璠必须降低这一客户的评级。但根据那家公司的财报分析恰是买入的大好时机，应该是“Strong buy”(强力推荐买入)。他已经退一步给了“买入”的建议，被他那“金牌分析师”(上司)大骂一通：“客户是上帝，don't fuck your job.”没辙，岱璠通宵研究数据，总算找到一个“卖出的证据”，结果可想而知，第二天那家公司的股价跌去 4.5%……

华尔街金融分析师的口头禅是："Revenue is nothing, margin and profit is everything。（营业额不算什么，利润才是一切）"

有一家牛奶公司的财报 Revenue（收入）一栏很漂亮，这倒不奇怪，因为是全北美第三大牛奶经销公司，但 Profit（利润）却不怎么样，股价当然上不去。这家牛奶经销公司便出巨资，请岱璠的公司做出“强力买入”的评估。

岱璠接到任务研究了几份最新的科研报告，发现东方人、特别是东方成年人根本不适合喝牛奶，因为体内的基因无法吸收牛奶当中的营养成分。更由于现在的奶牛普遍使用化学饲料，所以东方人喝牛奶会敏感。难怪我周围许多哥们儿移民北美后，时常呈现“痛哭流涕”状。妇女长年饮用牛奶甚至可能得乳腺癌。即使西方人多半由于营养过剩，喝牛奶对增强体质也没有多大作用。

岱璠是个虔诚的佛教徒，一戒杀生，二不能打妄语，这回触到了他的底线，无论上司怎样逼他，硬是写不出“买入”的评级报告。

结局当然是下岗走人！

这下岱璠反而轻松了，还是干他的老本行——电脑工程师吧。

华尔街，也有无辜者

9. 胡大姐下岗记

她时常说笑：华尔街是“铁打的营盘，流水的兵”，只有我是“铁打的兵”，实属奇迹。

2009年8月7日，美国劳工部公布了全国就业状况的报告，7月份，全美非农业工作岗位又流失了24.7万个，虽然比前三个月的平均数33.1万下降了许多，但失业率依旧高达9.4%。许多行业的就业前景依然不乐观，特别是贸易批发、交通运输、仓储和金融行业这些领域，未来还将继续失去工作岗位。26日，美国亚特兰大联储主席丹尼斯·洛克哈特指出：如果把找不到工作的人和工作时间少于要求的人加起来，美国失业率将高达16%。

众所周知，这次金融海啸是华尔街惹的祸。自2007年金融危机爆发以来，我原来在华尔街工作的朋友，将近四分之一不幸被裁，重新找工作的路途很艰难，就算幸运地回到原来的金融领域，薪资至少减少20%到30%。所以，每当读到美国失业率高居不下，我总是免不了担心，为我昔日的同学、同事和朋友捏一把汗。可事情往往就是这样，越怕什么就越来什么。我的纽约朋友胡大姐就经历了下岗的“不幸”遭遇。

胡大姐是我纽约皇后学院的校友，40 岁时“陪着”老公出来攻读电脑博士。老公获得全额奖学金，她不用打工贴补家用，可待在家里又觉得无聊，便也赶时髦进学校读了几门电脑课。毕竟岁数大了，又是文科出身，她的电脑学位读得真够累的。好在胡大姐的老公能力超群，稍有难度的作业，胡大姐都请老公代劳了。

毕业后，大家都以为凭胡大姐的编程水平，找工作肯定很难。可是没想到她非但找到了工作，而且还闯进华尔街，在一家中型投行的人事部谋到了一个 HR 的职位。原来那家投行新买了人事管理软件，需要加一些特定的 Features（特征），人事部的头儿不懂电脑，面谈时看胡大姐顺眼，便聘用她做助手，试用期三个月。

胡大姐正儿八经地上班了。资料档案的事儿难不倒她，上司稍微一说她便心领神会。如果遇到编程，老样子，把程式带回家，第二天再将老公前晚写好的 code（代码），带到公司依样画葫芦打进电脑。三个月试用期一过，上司希望她立刻转正，还答应送她出去修几门 HR 的课程。正中下怀！胡大姐别提有多高兴了。

在华尔街，员工的“Turnover Rate”（流动性）是各行业中最高的，进进出出平均三年一轮。胡大姐虽然工资不高，却做得得心应手，不知不觉中居然过了 15 年。而在此期间，她的上司，甚至上司的上司都已经换了好几轮。胡大姐的朋友们也劝她跳槽，那时在华尔街懂点电脑的，每跳一次至少加薪 5 000 元，加个一两万的也时有所闻。可是胡大姐有跳槽的顾虑，做生不如做熟，不能为了多加几千元钱，把好好的工作弄丢了。所以，当大家聚在一起，她时常说笑："华尔街是'铁打的营盘，流水的兵'，只有我是'铁打的兵'。"实属奇迹。

眼看再做五六年就可以退休了。不幸，金融海啸来了，危机使公司的境遇每况愈下，这一年来胡大姐忙极了，2 000 名员工陆续裁了 30%，平均每天送走两三个同事，她要准备文件，面对哭丧着脸的员工，又要做好安抚工作，搞得她手忙脚乱，整整一年无法休假。

一天上司给她安排了助手，是个新毕业生，让她好好培训一下。时间过去了三周。那天大清早，她兴冲冲地到公司，却被自己培训的新手告知："对不起，你被裁员了！"以往这句话都是她对别人说的，没想到自己也会有这一天！真是别有一番滋味在心头。

幸好那时胡大姐的老公总想回国发展，因为公婆年纪大，行动不方便，非常想自己的儿子在他们身边。而胡大姐的孩子也大学毕业，已在纽约自立，不需要他们照顾。恰巧，她老公刚获得国内的聘书，在一所大学做教授，可碍于胡大姐的这份工作，对是否海归的考虑，正处于两难境地。这下好了，反正没了工作，干脆跟着老公一起回家吧。

慢着，当她打开离职的 Package，注意到她的遣散费竟然相当于 4 年半的薪水！在 HR 干了这么些年，她最清楚了，遣散费应该是每工作一年，给三周的薪水，工龄超过 3 年再加 1 周，6 年的话就再加2周，以此类推。按胡大姐15年的工龄计，本该：15×3+5=50周，差不多一年的薪水而已。她想，大概是公司开恩，看在她兢兢业业干了15年的分上，特别优厚她吧。

回到家中，胡大姐如此这般和老公一说，他俩跳起了探戈舞，立刻准备打包回国。可第二天一大早，胡大姐接到了前上司的电话说，由于电脑故障，遣散费的计算弄错了。听到这儿胡大姐的心里“咯噔”一下，难道公司要来“追债”？只听上司解释道，既然双方都签了字，公司绝不反悔。不过假如她选择回去上班，裁员决定作废，并且保证只要公司不倒闭，她能做到65岁退休。

以胡大姐过往的工作经验，她清楚，之所以裁她，完全是因为她的工资比新毕业生高。如果她答应回去上班，新来的毕业生肯定被裁掉。既然和老公已经做了决定，还可以给别人工作的机会，自己又没有任何损失，她便客气地一口谢绝了上司，说全家准备回中国了。胡大姐的上司没辙儿，最后提出一个要求，请她回公司将电脑程序中那个Bug（漏洞）消灭掉。这倒没问题。

第三天，胡大姐去原公司打开电脑仔细一检查，天啊，这个Bug是她自己在15年前“创造”的，更准确地说是抄她老公的。不过，竟然鬼使神差地抄错了一个符号。程序中有一行计算工龄超过15年的员工遣散费，她把那个加法符号写成了乘法：15×3×5=225（周）！

而这些年里，公司裁员的员工中，也只有胡大姐一个人的工龄超过15年，真是因祸得福！

10. 满世界游走的华尔街精英

只要在华尔街干过五六年，有了 Hands-on（实战）经验，掌握到“Cutting-edge”（最尖端）、“State-of-the-art”（最先进）的技能，到了哪儿都能混饭吃。

华尔街是世界金融界的领头“羊”。一般来说，只要在华尔街干过五六年，有了 Hands-on（实战）经验，掌握到“Cutting-edge”（最尖端）、“State-of-the-art”（最先进）的技能，到了哪儿都能混饭吃。如果经验超过十年，那就更是个香饽饽了，哪儿都欢迎他们去“传经送宝”。那些项目短则三个月，长达三五年，通常由雇主提供来回机票。假如一个项目三个月，雇主会定好宾馆恭候。长期项目住房有津贴，每年至少一个月假期，底薪一般比华尔街高，不过多半没有奖金。做那些海外项目好似“公费旅游”，特别适合单身贵族，好些人都乐此不疲。

我在银行家信托（Bankers Trust）的老同事马利欧，就是这样的主。马利欧是多伦多人，意大利后裔，在华尔街干了 10 来年，专做各种 Exotic（怪异）的衍生证券，任何证券他都能打包出售。他曾说过，只要能卖，他能把老大妈包装成 18 岁的大姑娘，卖个好价钱。真可谓点石成金，化腐朽为神奇。他曾神秘地告诉我，次债的概念就是他发明的，也不知是真是假。

有了忽悠的资本，马利欧便到世界各地边工作边游历，做 Exotic 的金融产品顾问。大概是怪异的金融产品做惯了，他一直梦想找一个富有 Exotic（异国情趣）的老婆。

马利欧应聘了华尔街一家著名的咨询公司，专门负责承包海外项目，将华尔街的产品介绍到其他国家。可能受好莱坞爱情经典片《北非谍影》的影响，他选择的第一个项目在卡萨布兰卡，那儿有个银行需要做一个期货对冲金融产品。

结果令他大失所望。

按理说，卡萨布兰卡是北非的政经中心，怎么想都不会差到哪儿去的。下了飞机后，银行的一个副总亲自接他进城。从机场开车到城里的路上，简直荒凉得不可思议。进城后一瞧，死城一般，街上一片破败，垃圾堆到膝盖那么高。银行副总安排他住在城里的宾馆，据说是最好的，可连空调都没有。

马利欧很不甘心。一天下班后，他慕名到 Rick's café，电影中那个浪漫的酒吧间。店面倒还在，但见里面灯光昏暗，只有几幅电影剧照挂在墙上，根本不是想象的那么回事。酒吧里，别说姑娘了，一个女人都没碰上。他只待了一个月，还没等合同期满就逃了回来。

后来，马利欧接了一个项目在巴哈马，六个月。他曾去巴哈马度过假，总觉得没玩尽兴，这个小岛太吸引人了。私人飞机频繁地起起落落，飞翔在天空。蓝色的海洋上白色游艇无数。奔驰、宝马已经不算什么了，像奥斯顿马丁那样的豪华跑车更是随处可见。当然啦，马利欧最感兴趣的还是美女，无论是酒吧、海滨沙滩，还是赌场，看见的尽是美女。

现在好了，在巴哈马既赚钱，又游玩，还能找美女老婆，岂不三全其美。不过很遗憾，他在那儿一夜情倒是不少，过后便一拍两散各走各，没有人跟他私订终身。

找不到老婆那就找钱吧。他去了全世界最富有的城市迪拜。钱倒是赚了一大把，但没地方花。街上女人也不少，可就是分不清哪一个是姑娘，哪一位是大嫂，每个女人都裹得只露出心灵的窗户。更可怕的是，如果多看她们两眼，立刻会感到警惕的目光向你扫来。后来那儿的同事警告他，勾引迪拜的女孩，是会被她们家族的人追杀的。

于是他收起花心，一心工作。公司里的同事跟纽约一样，全都来自五湖四海。看在钱的分上，马利欧在迪拜做满六个月，下班后就只有到酒吧去消遣，但感觉就像在纽约，酒吧里不是自己的同胞，就是 Gay（同志），闷得就只剩钱了。

两年前，马利欧又去了印度，公司在孟买的郊区，这次还真遇上了心仪的姑娘，是他的助手，跟着他学华尔街“猫腻儿”的。这位印度女孩儿也对马利欧一见钟情，双双坠入爱河。当女孩儿带马利欧去见父母时，却遭到她父母的反对，说马利欧一看就像个花花公子，西方白人不会轻易定终身的，肯定只图新鲜，玩玩而已。但马利欧是个能把死人说成活人的主，女孩儿被他花言巧语不能自已，毅然不顾家里反对，一头住进了马利欧的宾馆。

不过，这印度女孩知道马利欧不是省油的灯，想要彻底征服马利欧，就必须先征服他的胃，好像是张爱玲总结出来的秘诀。因此，这位印度姑娘天天给心爱的人做拿手的印度餐，还时常回娘家学它个几招。她父母眼看他们已既成事实，也就睁只眼闭只眼随他们去了，只是隔三岔五地催他们结婚。

对于天天吃印度餐，一开始马利欧为礼貌起见还勉强应付着，时间一久便忍无可忍。一天他走在大街上，一阵风把一张纸吹到他的脚边，他瞟了一眼，竟然是麦当劳的广告，口水立刻流了出来。仔细一看，店面远在孟买。他不管三七二十一叫了一辆的士直奔孟买。结果连孟买的汉堡包也是印度味儿的。马利欧实在无法忍受印度餐的咖喱和辛辣，合同期满依依惜别了那姑娘，却被姑娘的父亲扇了一记辛辣的巴掌！

马利欧折腾了十来年，前后去过八九个国家，也算跑遍了半个地球，至今依然单身。前些日子他回到多伦多，将被公司派往台湾。那个项目至少要做两年。他又兴致勃勃了，估计这次该有戏了。

11. 谁会被炒

纽约职位将会大量地转移到第三世界，而凡是能在家中上班的位子，那更是都将率先外包。

我在瑞信时，部门里有一个“First-Tier Support Team”（第一线支援小组），专门负责管理公司的全球证券交易系统。只要世界各地的股市还开着，组里的员工就必须全天候Standing by（候命）。因为这套系统供瑞信全球的交易员使用，不能有任何差错。纽约有次大停电，这个系统只停止运行了10分钟，备用的系统就开始运行了。可就是这短短的10分钟，使公司失去上千笔交易，损失了100多万美元。

那个组里有个菲律宾人，也是华裔。大概是因为他在马尼拉出生，爹妈给他起名马尼拉。马尼拉留学美国，一毕业就进入瑞信，可谓顺风顺水。起先他和电视剧*Friends*（老友记）里那几个年轻人一样，在曼哈顿租了一套公寓，跟两个同学Share。后来，他结了婚，有了一男一女两个孩子，便陆续将那两位同学一一“赶”了出去。又过了几年，收入不低了，他再也不甘心租房而住，而且还想买个大房子，实现美国梦嘛。但曼哈顿的房价绝非工薪阶层所能负担，于是，只能以时间换空间，在纽约上州买了一幢大房子。搬了新居不久，马尼拉请我们公司好些同事去“闹新房”，笑脸上荡漾着幸福，有房有车有老婆有孩子，美国梦不就实现了吗？

是的，他的美国梦似乎是实现了，可“好日子”也到头了。他每天 5 点不到就得起床，先开车到住家附近的火车站赶头班火车进城，到了曼哈顿再换乘地铁，两个多小时的路程使用了三种交通工具，每天上下班的路上用去四五个小时，正常工作需要 10 个小时。象征着美国梦的家，反倒跟旅馆似的。如果半夜三更电脑系统出意外，他还必须开车往曼哈顿赶，生活简直一团糟。

出于无奈，马尼拉跳槽了。

一天在公司的餐厅里，他大老远就笑嘻嘻地招呼我，坐定后兴致勃勃地告诉我说，他找到了一份好差使，是一家对冲基金公司，工资猛涨 3 万不说，还可以在家上班，属 Flexible Work Schedule (弹性工作时间)，干好了奖金还大大的。

新工作对马尼拉来说的确太合适了，太太可以安心外出上班，他可以接送两个孩子上下学。以往 10 个小时的工作，手脚快点 5 个小时就干完了。就算电脑系统晚上有意外，电话、电邮两个多小时也就搞定了，毕竟夜晚不用交易。出了问题，只要第二天上午 9 点半华尔街开市之前解决问题即可，也就无须半夜开车外出。既享受了天伦之乐，又能赚大钱，简直其乐无穷！我真替他高兴，还让他别忘了哥们儿，如果有合适我的职位，别忘了引荐。他满口答应。

后来，马尼拉工作的对冲基金公司生意兴隆，也做起了全球的证券交易，跟瑞信一样，马尼拉晚上也要Support（支援）了。真有点儿好景不长的感觉，好日子好像又要到头了。

幸好，柳暗花明又一村。不久，公司决定在亚洲设点，而且就在他的老家菲律宾。马尼拉的老板知道他从菲律宾来，便任命他为菲律宾部技术主管，全权放手由他负责建立菲律宾的技术架构，包括建立全套的网络系统，招新人和培训助手。那段日子，马尼拉老家、新家飞来飞去，在菲律宾老家俨然半个老板当家作主。虽然忙得头昏眼花，一个月老婆孩子见不到几天，但他知道这只是暂时的，一旦菲律宾部顺利运行的话，他就轻松了。于是，他忙得不亦乐乎。

6个月后，老板飞到菲律宾检查工作，在一家餐厅听马尼拉汇报工作：如何招来他颇信任的两位大学同学；如何把自己以往精心记录、解决系统出现的常规问题，如何听懂交易员的行话，如何与交易员沟通等，全都无保留地传授给了新助手。菲律宾部可以顺利开张了。看到马尼拉在短短六个月做出如此的成绩，老板自然心花怒放、赞不绝口，微醺中脱口而出：好极了，好极了，这样一来公司成本将大大降低，在美国雇用一个人这儿可以高薪雇佣6个人。马尼拉说，是的，是的，我保证他们一定跟我一样，绝对会尽心尽力让公司满意。老板大笑道：那岂不是皆大欢喜，哈哈！他不停地夸奖马尼拉，猛拍胸脯说年底非但给他个大红包，而且还要升级加薪。

马尼拉回到纽约后，菲律宾的两位老同学果然不负众望，一个白班儿，一个夜班儿，搭配得相当好。而马尼拉的工作也越来越轻松，他得意极了。再过一个月就要年底，眼看大红包到手过个好年，他答应孩子去迪士尼，允诺给老婆一个大钻戒。

一天大清早，马尼拉在家中接到电话，是老板打来的，他声音低沉地通知马尼拉："非常遗憾地通知你，从明天开始，你就不用上班了……"

其实，马尼拉的遭遇不是个例，这些年在华尔街时有所闻。由于世界经济全球化，"地球是平"的，水往低处流嘛，对于华尔街来说，人力资源是公司成本中最大的一块。也就是说，纽约职位将大量地转移到第三世界，而凡是能在家中上班的位子，那更是都将率先外包。早在 10 年前，华尔街各大公司，就开始将大量的信息技术职位，迁移到印度、菲律宾、新加坡等人工相对低廉，而员工素质可以和美国员工相媲美的地方。特别是，这两年的金融海啸使这种趋势越演越烈，势不可挡。据统计，到 2015 年美国将有 300 多万信息技术专业职位移出海外。

马尼拉下岗后，花了 10 个月找工作，好不容易得到一份新工作，和原来一样做第一线的 Support，又是每天 24 小时 Standing by，而薪水却只是原来的 75%。

12. 中国人在华尔街的升迁

但往往升到中级时，我们的弱点便显现了，经常要开会做报告，天天和上下级打交道，“扯洋皮”时往往力不从心。

我在华尔街前后干了15年，在多家投行待过，有美国的、瑞士的，还有加拿大的。尽管，每个公司都分属不同的国家，可有意思的是只要在华尔街，企业文化大同小异。进到办公楼一看，谁是什么级别一目了然。最中间的都是交易员，其他做系统支持、模式分析、风险控制的人，把交易员们团团围住，被隔在一个个小笼子（cubicle）里。单人办公室全部临窗，级别越高办公室越大，拐角的一家肯定最大，级别当然也是最高的。

第一次因为公司兼并而下岗，我感觉有如从山顶摔到山底，闷得不知道东南西北，毫无方向。第一天，公司出钱安排了一个讲座，专门帮助下岗的人重新找工作。我去了，坐定下来，40多个“难兄难弟”一一自报家门，一听吓一跳，这些人当中，有曾经的副总裁（VP）、董事总经理（Managing Director）、高级副总裁（SVP），甚至还有CTO、CIO及一个中型公司的CEO！他们也会下岗？

华尔街公司每年给员工进行两次 Appraisal（表现评估），7 月份“预热”一次，年底定总分，达到 Expectation（期望值）的算 2 分，超过期望值的为 3 分，没有达到期望值的只有 1 分。一旦拿到 1 分不用说了，走人吧。当然有罚就有赏，那些被评为 3 分的，拿大红包、加工资，一般还会晋级。有人可能会问，要是大家都很努力表现都很好，不就没有 1 分了？ No！就像当年的“右派”那样，那是有名额比例的，总有 5% 到 10% 的人拿 1 分，20% 到 30% 的人拿 3 分。也就是说，无论如何每年年底每个公司都至少有 5% 的员工卷铺盖走人。

走人自然不爽，那么升职加薪就一定是好事吗？也未必。

我的一个上司曾经这样形容说，华尔街的职场就像跳高，你的级别就是横杆的高度，跳过去之后横杆就会向上挪（升级），大家的眼睛都会紧紧地盯住标杆，先从小笼子搬进小单间，然后是中单间，再是大单间，最后搬进“The corner office”……一旦跳不过去把横杆碰落，结局就像跳高运动员被自然淘汰，走人的时候也就到了。

华尔街弱肉强食的生存环境，迫使人人挑战极限。所以，华尔街人干了 10 年之后便会开始考虑退出。过了 50 岁再待在华尔街的人，一般是不多的。

华尔街的中国人都是“技术大拿”，具体工作完成得相当漂亮。头五年每年能上升，也正因为有评分制度，人人使出浑身解数，一个个如同劳模。但往往升到中级时，我们的弱点便显现了，经常要开会做报告，天天和上下级打交道，"扯洋皮"时往往力不从心。因此，升到中级的中国人长项用不上（无需做具体工作），短处却暴露无遗，横杆的高度跳不过去，结果可想而知。

或许，有人会说，那只要每次评分拿2分，不就没事了，可以固定在一个级别一直做下去。但是这个尺寸很难拿捏，因为谁都不愿意给人当垫底，肯定会拼命干，迟早会陷入华尔街的升职陷阱。

话说回来，华尔街毕竟是白人的地盘，中国人一般升到VP（副总裁，相当于中层管理级）就很难再升上去了。不过，"因祸得福"，那样反倒比较稳定地做下去了。因此中国人VP在华尔街还不少，几乎每家金融公司都有，据悉，人数在800到1 000之间。当然，也有极个别的中国人在特定的领域表现特别出色，还真能冲破玻璃天花板。我曾经的上司威武就是这样一位特殊的人。

2001年初，我是通过威武的面谈而进入纳斯达克所属的一家ECN电子交易公司的。ECN（Electronic Communication Networks的简称，属另类交易系统的一种）是当时发展最快，也是华尔街公认的前途最远大的交易方式。

威武是普林斯顿大学的电子工程学士、纽约大学的金融硕士，一毕业就进入华尔街。他早年是路透社属下Instinet公司的技术骨干（Instinet是华尔街第一家ECN公司），完成过ECN中最关键部分的设计与开发。当今的ECN就是以他们当时所确定的Protocol（规范）为标准的。可以说，威武是ECN开发的鼻祖了，由于威武在ECN领域的特殊地位，他一路升到了我们公司的CTO，这在中国人中绝对凤毛麟角。不过，成也萧何败也萧何，威武做了几年 CTO 之后，离开具体的技术渐行渐远，变成了老美那样“会说不能做”的人物。后来 ECN 式微，特别是“9・11”后，ECN 的交易量大减，公司开始裁员。威武首当其冲的第一批被裁。当时，可怜的他还在新加坡的丈母娘家度假呢。度假回来后打开电脑无法 login，才知道自己已经被裁了。

一般的中国人凭技术吃饭，再找一份工作相对比较容易。但对于威武来说却有些高不成低不就了。华尔街大公司不可能请中国人“坐”在高位上，中小公司又一个萝卜一个坑全都占满了，而要他退回去再做技术，更是勉为其难。

几年后的一天，我们几个老同事聚在一起，威武也来了，他显得有些落寞。问起近况，他说上个月他老爸退休，把家中开在长岛的大型中餐馆转到了他的手上。他原先不想接。可他老爸说：“我就你这么一个儿子，而且我们中国人在这儿还是做餐馆最实在，不用看别人的脸色，不用求人过日子，只要菜做得好，客人总要上门来吃饭的。”我不禁替他惋惜起来。

最后提一下，在华尔街有 5% 的特殊一族，他们待过多家投行的多个部门，参与开发过无数的产品，对各种系统了如指掌，从前台到后台路路通，早已身经百战练成精了，便可转职做资深顾问，就好似由跳高运动员变成教练，整天“指手画脚”即可。一旦你成为这样的人，当然就能一直干下去。我曾遇过一个老大爷同事，出于好奇一问，他已“芳龄”82 了！

13. 天才也被“耍”

经济基本面一片狼藉，放空股票，等着收获是再简单不过的道理。但华尔街股市就是那么的诡异，人们根据常理所算计的都不管用。

大江是我的好朋友，是常春藤名校毕业的数学博士，再加一个金融硕士。他从最底层做起，既能设计金融模型，又能具体操盘，可谓能文能武，是华尔街全才。和我一样也在华尔街干了十五六年，应该算是在华尔街华人中混得出类拔萃的。

5 年前，大江升为美林证券一个基金经理的助手。由于他在 2007 年底开始强烈建议做空股市，结果避免了金融海啸中的亏损。他们这只基金成为 2008 年美林众多基金中，为数不多的几个还赚钱的基金之一。去年初，大江被瑞信高薪挖角，出任一个美国股市的基金经理，面谈他的部门老总一个劲儿地夸他“天才”。那时的大江新官上任，他踌躇满志、信心满满，还非常正式地邀我加盟做他的副手，而我已在多伦多安顿下来，便婉拒了他的好意。

那时，华尔街五大投资银行几乎全军覆没，贝尔斯登和雷曼兄弟彻底倒闭；美林被美银收购；高盛和摩根靠政府救助死里逃生；

而百年老店通用、福特和克莱斯勒这三大车厂，雇佣着四五十万工人，也相继在金融海啸中倒下。这样一看，无论金融系统还是传统产业，一切都好像走到了尽头。美国股市自然“跌跌不休”，连代表美国精神、最强的企业通用（GE），股价都跌破每股 15 美元。

分析完市场状况，大江便立刻端出拿手好戏——做空。我也觉得不错，赞同。那时候的市场实在看不出有任何希望，谁会指望股市在短期内回升？道琼斯指数徘徊在九千点上下，随时都会跌破七八千，甚至六千点。

不出所料，头两个月股市毫无悬念地一路下跌，不久道琼斯便跌破了 8 000 点、7 000 点，正义无反顾地向 6 000 点挺进，GE 的股价跌破了 10 美元，正朝着 5 美元（垃圾股的价位）“进军”。那两个月大江管理的基金纸面利润逆市而上，每次和他通话都显得非常得意。

那时民众对大市的恐惧到达了极点。从 1999 年到 2009 年这十年中，除去加拿大股票，美国和全球各大指数的回报全是负数，可以说史无前例。在这个分秒必争的时代，十年仿佛一个世纪，付出这么多耐心，却收获一片寒心。大江做空显然是对，做空的人还有很多。

不料去年三月初，一个像往常一样萧条的一天，股市突然开始回升。那天根本没有什么特别利好的消息，这样的回升现象显得非常诡异。我感觉不对劲儿立刻去电让大江小心。他说没事儿，“不是正好给我一个高位放空的机会嘛”，他继续加仓。

一周过去了，市场丝毫没有回调的迹象，股市依然上升。我再去电话，提醒他是否该见好就收了，平掉空仓，将纸面上赚的上亿美元“袋袋平安”。他笑道：“你太谨慎了。你看看美国失业率依然在上升，房市依然在下跌，各行各业都不景气。这几天的股市肯定是有人在做市，别理他们。”

他说得也不无道理，按说股市是经济的晴雨表，的确没有上升的理由。但这些年来，我觉得股市背后好像另有一只手在操纵着，常常不按常理出牌，反常的事情时有发生。往往是不卖不涨，一卖就涨，而且是大涨。做空由于涉及杠杆，对市场的反应更为敏感，就像当年的点 COM 时代，那些个网络公司有哪家真正赚了钱，可它们的股票不照样一路上升，好些一分钱不赚的所谓高科技公司，尽管 P/E“无限大”（因为 E 是零），但照样比那些大蓝筹的股价还高。当时好些人就是因为做空点 COM 公司，而倾家荡产。

到了去年五月初，道琼斯回到 8 000 点以上，进一步上涨的势头显现了。我再次提醒大江，市场有时不顾常理，不然怎么会有一次次的泡沫？但大江的情绪已经有点儿失控，他一个劲儿地说：“不可能，绝对不可能！肯定就要回跌的，我要坚持住！”

听到这儿，我感觉到了大江那赌徒般的口吻，非常情绪化。我算了一下，那时他的账面利润已所剩不多，再扣去 2% 以上的管理费，估计快要亏了。但又不便再劝下去，只为他捏一把汗。

接下来大家一定还记得，美国股市一路上升，6 个月后就回到了去年初的 9 000 点，年底更突破了 10 000 点。那天，好久没有联系的大江突然来电话，“思进，当初听你一句话就好了。我做空亏大了，我的基金亏了2个多亿，已经离开瑞信了。这个阶段我一直非常郁闷，好似被人耍了，但又不知道那人是谁。”

这个电话是我预料中的，安慰他显得有些多余。放下电话，我突然想起了投机大师利沃莫尔公认的名言：“经验告诉我，与我所称的明显的群众性趋势作对是不明智的。”大江都是这样不明智的天才。

其实，岂止大江，去年初，有多少个分析师，包括大师，都说这次金融危机是百年不遇的，认为这次股市是不可能V型反弹的，至少要经历W型才会稳固，甚至会出现L型的长衰不起，就像20年前日本股市那样。

出车祸的往往是开车多年的，淹死的往往是会游泳的。而在股市中栽跟头的往往是那些金融知识扎实的“高手”。本来嘛，一切几乎都在他们预料之中，无论美联储降息，还是政府救市都不能让股票停止狂泻。经济基本面一片狼藉，放空股票，然后等着收获是再简单不过的道理。但华尔街股市就是那么诡异，人们根据常理所算计的都不管用，才仅仅半年，大江就从金融海啸中别人亏损、自己盈利的天堂中，迅速滑落到众人都赚，自己独赔的沮丧困境中，并丢掉了华尔街华人难得的基金经理之位。

14. 从华尔街到文艺界

他们每天在纽约证券交易所的大楼前"驻唱",今天扮演猫王,明天扮演甲壳虫队,成了华尔街的一大景点。

金融危机对华尔街人是坏事,也是好事。好些本压在心底的梦想,被释放了出来,变成了现实。真是失之东隅,收之桑榆。

一年一度的多伦多电影节又来了。回到多伦多,电影节是我一定不会错过的节目。像往常那样,在电影节开幕的半个月之前,我就拿到了介绍电影展的小册子,在两百多部电影里仔细挑选,看看哪几部电影值得先睹为快。

在印度电影栏目中,一个熟悉的名字映入我的眼帘:Singh Marakathalingasivam。奇怪,怎么跟我瑞信的一个老同事同名同姓呢?我们曾经合作过一个交易系统的开发项目,那时他负责架构后台,我负责前台开发。想当年,我为了合作顺利向 Singh 表示与他交友的诚意,单为读准他这个姓,就不知操练了多少遍,直练得我舌头起泡。而小册子上介绍的这部电影,是由 Singh 自编自导自演的。难道 Singh 摇身一变踏足影视了?出于好奇,我预定了这部电影的首场，小册子上介绍，Singh 将出席首映式。

那天，我早早来到影院，电影开场作介绍时，还真见到了 Singh，我曾经的同事。几年未见，能在多伦多这样的场合邂逅老同事，很兴奋。我豁出去了，离开自己的座位兴冲冲走到他的位子前，故意不叫他的名，准确无误地喊响了他的姓："Mr. Marakathalingasivam！"他大吃一惊，没想到在这儿有人能准确叫出他的姓，更没想到能在这个场合见到老友，自然喜出望外。我们互留了手机号，约好第二天共进午餐。

原来 Singh 打小喜欢电影，他特别会讲故事，一件看似平常的小事到了他嘴里，会被他渲染得富有戏剧性。当年在印度，乘凉的同龄伙伴全都喜欢围着他听他说书，大家往往前一分钟还在捧腹大笑，下一分钟就被吓得四处躲藏。他还擅长用绘画来表现故事的内容，具备了影视工作的基本才能，他的理想就是进军"宝莱坞"（印度的好莱坞），做大导演。但艺术殿堂的路，是要用钱来铺的。冲着钱，他进华尔街干了十几年，平时省吃俭用存了不少钱。这次金融危机，他正好借机退出。为了圆儿时的梦，他自费 50 万美元组织了一个班子，用多年的积累，拍出一部讲述印度人在美国的故事。虽然这是一部小制作的电影，拍摄得有些稚嫩，但整个故事却陈述得非常精彩。其实印度新移民的心路历程，和我们中国新移民非常相似，随着故事的进一步发展，我感觉像是在观看印度版的《北京人在纽约》，而且思想境界还更胜一筹。

上个周末，Singh兴奋地给我来电话，说他这部电影被好莱坞看中，将用大笔投资把这部电影改拍成大制作，真为他高兴！我顺便说了一句，要是有合适的角色，别忘了哥们儿。

每当危机来临时，人们更需要心灵的慰藉，因此文化娱乐业反而变得红红火火。好莱坞就是大萧条时期异军突起的一支产业。这次金融海啸，人们对金融危机的始作俑者华尔街顿生厌恶，华尔街人备受良心谴责。于是，我好些老同事离开华尔街，干起了自己真正喜爱的事情。

我在瑞信有三位同事，他们一个是吉他高手，能自编自唱；一个是舞林高手，从Hip Hop到爵士舞，从芭蕾到拉丁舞样样在行；另一位是打击乐高手，唱歌配和声一流，键盘（Keyboard）也玩得出神入化。以往，当他们玩兴大发起来，就聚在一起玩弄几小时。每次公司的“Town Hall”会议之前，都会请他们先来一个，感恩、圣诞的大型聚会上，他们的表演更是重头戏，水准不低，还特别擅长模仿秀。

这次金融危机吉他高手第一批被裁，心灰意冷之际，他抱起吉他自弹自唱，躲在自家的地下室谱出了几首新歌。兔死狐悲，另外两位也整日担心被裁掉，周末时前去探望，三个人在地下室边唱边跳好不自得。于是，一商量，与其被人裁，还不如索性辞职组成演唱组，号称“Former-Bankers’ Group”（前银行家乐队），还申请了一个街头表演的许可证。他们每天在纽约证券交易所的大楼前“驻唱”，今天扮演猫王，明天扮演甲壳虫队，成了华尔街的一大景点。最近，迈克·杰克森去世，他们便天天月球漫步。虽然，他们的收入不到从前的十分之一，但也不用饱受裁员压力的煎熬，心情舒畅，恢复了跳跳唱唱，真是不亦乐乎。最近，他们参加了American Idol（相当于“星光大道”的选秀节目），已经杀入了复赛。他们正准备进军演艺圈。

还有一个纽约证交所的大牌儿交易员，我曾在他手下干了 8 个月。去年 10 月，他辞职做了自由撰稿人，开博客将自己和周围的那些交易员当年怎样玩弄客户、忽悠散户的内幕写了出来。他本意是忏悔，觉得这次金融危机，他也算“元凶”之一。希望将那些内幕写出来，能够惊醒梦中人，今后别这么容易上当了。

没想到正值金融危机，他的“爆料”自然吸引不少眼球，博客的点击率飞升，不久就突破每帖 10 万点。博客公司赶紧抓住商机，将广告挂在他的博客上。起先每个点击给 1 美分，随着广告的增加，每个点击加到 5 美分。一个帖子竟能赚 2 000 甚至 5 000 美元。他一周更新两三篇，每周赚 1 万多，竟然和他原先做交易员时收入差不多。更有甚者，他的博客被一个出版社看中了，约他写书出版。三个月后，他的书出版成了畅销书。

一次电话里，我开玩笑："你这不是走别人的路，让别人无路可走嘛，弄得老同事都没饭吃了。"他答道："贪婪的人性是不会变的，看我文章的时候大家可能津津有味，不一会儿就又忘到九霄云外了。华尔街也不会改变的，所以，我要一直写下去。"

金融危机对华尔街人是坏事，也是好事。好些压在心底的梦想被释放出来，变成了现实。真是失之东隅，收之桑榆。

金融大鳄的末日狂欢

15. 谁支撑了高盛的末日狂欢

大牌的交易员、名牌分析师或者基金经理，每年的红包动辄百万美元，千万上亿也稀松平常。这些人还不到华尔街总人数的2%。

每到年末，华尔街投行红包的大小，总是最吸引人们眼球的财经新闻。年景好的时候，各大投行报出的奖金数额一家比一家高，好似炫耀战绩一般："美林平均45万美元"、"雷曼平均50万美元"、"摩根平均55万美元"、"高盛平均60万美元"！特别是今年，由于金融危机还未结束，华尔街将发放多少奖金更为大众所关注。原本以为闯下大祸的华尔街应该有所收敛了，没料到，高盛率先高调报出公司3.1万名员工，今年人均有望入账70万美元，将创下高盛公司136年历史的最高值！令人们跌破眼镜！

殊不知，美国上班族的平均年收入不过5万美元，而华尔街人单一个红包，就接近普通上班族平均年收入的15倍。华尔街闯下令全球经济进入衰退的大祸，使大量无辜的民众丢掉饭碗，但发起奖金来却依然毫不手软，这种可恶的情形能不令人愤怒吗？

迄今为止我在华尔街扑腾了15年，前后在大大小小5家投行干过，知道媒体这种“平均式”的计算方法很不准确，有误导之嫌。在这儿先晒晒自己这些年的收入吧。

1994年10月，我拿到硕士学位后便闯入银行家信托。那时，新人进华尔街起薪5万美元。而我由于身份的关系，需要公司担保才能合法工作，我的起薪是3.8万美元。虽然比市场价格低了一些，但这是潜规则。由此可知，需要担保之工作人士，比持有绿卡和美国籍的人就少挣了25%到30%。我自然毫无怨言，反倒因为一举闯入白人的天下而兴奋不已。以为只要身份一解决，自然就“同工同酬”了。

以电脑金融软件开发管理进入华尔街的中国人最多，我就是其中之一。如果常年专做金融软件开发，10年后薪资到达顶点，一般为10万美元底薪，再加2万到3万美元奖金，总收入约为12万美元，然后随着通货膨胀的速度增长。不过，如果运气不好遇到金融海啸，也有可能减薪。一般来说头5年的收入增长最快，以每年10%到15%的速度上升，如果每隔两年再跳一跳槽，五六年之后，薪水便可翻番。

而在华尔街做金融产品模型的专家，特别是美国名校的数学物理或者电机工程博士，他们15年前的收入，比金融软件开发管理人员的薪资要高一倍以上。后来，由于大量的中国人和印度人进入了这个领域，供求关系发生了变化，收入差距逐渐缩小。目前，10年工作经验以上的模型专家，薪金比金融软件工程师高约50%，总收入为 18 万到 20 万美元。

以金融专业进入华尔街的高材生，大多从事证券分析、风险控制和金融产品交易等操作，他们的底薪和做金融产品模型的差不多。但是他们的奖金上下幅度很大。年景好时，可以拿到相当于底薪的半年甚至一年的奖金，也就是说 10 年经验以上的，总收入可以达到 25 万美元。

这些年，华尔街上纯电脑的职位，几乎全外包到印度、俄国和东南亚等地。因此，在华尔街做电脑软件开发就必须懂得金融，否则就无法“生存”下去。由于我业余选修了大量的金融课，加上“实践出真知、斗争长才干”，我可以算半个金融专家，几年前转为投资系统资深顾问，年收入与金融产品模型专家不相上下。

写到这儿大家不禁要问，好像你所说的这些人中，还没人年收入超过 50 万美元呀？是的！这就是华尔街绝大多数普通员工的收入状况。而在华尔街能拿到奖金平均数以上的，不是 MD（董事总经理）以上的高管，就是大牌的交易员、名牌分析师或者基金经理，他们每年的红包动辄百万美元，千万上亿也稀松平常。这些人还不到华尔街总人数的 2%。可见，这种所谓的平均奖金，是华尔街不到 2% 之人所得的遮羞布而已。

各个投行 98% 以上的中低层员工的年收入，表面看上去是比其他行业高出不少。但他们成年累月每天工作 10 到 12 个小时，周末甚至节假日也经常加班加点。按美国其他行业的加班费是基本工资的 2 到 3 倍来计算的话，那些奖金只不过是“加班费”

而已。所以，华尔街的普通员工，若按单位小时计算的话，并不比其他行业同等专业的人多赚多少；再加上华尔街工作压力巨大（调查报告显示，华尔街工作 10 年以上的员工，平均寿命缩短 5 年），这些奖金根本是得不偿失。更何况华尔街动荡的工作环境，令普通员工的奖金得不到保障，一旦经济不景气，奖金就成了遣散费。

最近，针对美国大众对华尔街巨额奖金的不断质疑，高盛董事长兼首席执行长布兰克费恩梵振振有词地辩解道，“我们干的是 God' s work（上帝的活儿)”。言外之意，他们的高额索取名正言顺。真是“见过无耻的，可还没有见过这么无耻的”。

这次金融危机已经明白无误地证明，金融危机爆发的核心原因是资产证券化。然而华尔街投行最赚钱的，恰恰就是资产证券化和杠杆化的业务。在这个证券化的过程中，华尔街那些 2% 之人，把垃圾包装成黄金，譬如次贷证券化。他们钱赚得越多，广大投资者的亏损就越大。大众的金钱，就是这样神不知鬼不觉地进入了自称“为上帝工作的人”的口袋之中。

我们不妨来看一看，高盛那些金融大鳄究竟干了些什么样的“上帝的活儿”。

高盛今年头三个月的盈利分为四类：

(1) 金融咨询：3.25 亿；

(2) 股票销售：3.63 亿；

（3）债券销售：2.11 亿；

（4）交易和资产投资：100 亿

大家请留意，最后那个 100 亿，比华尔街传统业务总和的几亿美元要多得多得多，这个 100 亿就是高盛的盈利魔术。自从去年金融危机以来，高盛从纳税人口袋里得到了以下的救助：

（1）TARP：100 亿；

（2）美联储：110 亿；

（3）FDIC：300 亿；

（4）AIG：130 亿

总共 640 亿。如果没有 640 亿美元的救助，高盛就将与其他很多银行一样，绝对无法活到今天。高盛在危机的最高点，获得了这些救助资金，并且再一次利用 20 到 30 倍的高杠杆，借到相当于 2 万亿的资金，一跃成为当时最有钱的银行，而后利用这些钱在股票市场崩溃和各类资产最低价时，大量购进。随后美联储、财政部以"营救金融体系和国民经济"的名义，投入了 23.7 万亿的资金，银行家们再将那些资产重新膨胀，从而获利于用纳税人的钱在最低价时购进的资产，创下盈利纪录。而纳税人却没有得到任何的利益。这就是所谓"上帝的活儿"。随后再将所赚得的利润的一半——210 多亿美元，脸不红心不跳地笑纳进自己的口袋。

高盛是华尔街投行的典范。为了平息大众愤怒的情绪，高盛最近表示，公司30位最高级别的管理者，将不接受2009年的现金奖励，改以股票代替现金。

这些年来，我国内的亲友时常要我回国买房子，他们真会帮我算，说我每年奖金一拿就是半个百万，十几年积累下来早该是千万级的富翁了，在国内花500万元人民币买个房子，不就像买棵大白菜。害得我总要大费口舌解释一番：我可不是千万富翁，我那每年50万美元的奖金是“被平均”出来的。很惭愧，国内的房子，特别是北京上海杭州的房子，我可真买不起呀！事实上，由于房价和生活费用高，在纽约曼哈顿生活，每年18万到20万美元的年收入也就只是个中产阶层而已。

16. 后危机时代投行家

犹太人自己生活俭朴，一分钱掰成两半儿花，却鼓励别人花钱，提前消费，而金钱就是这样从别人的手中进到了他们的腰包。

他们因贪婪而入场，也会因贪婪而出局吗?

2010 年 1 月 13 日，华盛顿，国会大厅。

这个星球上，四名最有权势的金融家：高盛董事长劳埃德·布兰克费恩、摩根大通董事长詹姆斯·迪蒙（James Dimon）、摩根士丹利董事长麦晋桁（John Mack）、美国银行董事长莱恩·莫伊尼汉（Brian Moynihan），貌似真诚而庄严地举起他们的右手，在“美国金融危机调查委员会”召开的首次听证会上，他们承诺所说的一切均是事实，没有欺骗和谎言。

距金融海啸最严重的时候已经过去了一年半，现在才来调查和听证，美国政府的效率显然不高，但是，这种努力聊胜于无。这次听证，起码为公众打开了一扇窗户，在激烈的辩论中，将他们置于道德审判席上，可以管窥那些高高在上的金融家们的思维模式。

面对金融危机始作俑者以及华尔街“嗜血高薪”的谴责，他们首次集体承认在金融危机中未能负起应有的责任，但显然对自己的行为并未流露应有的歉意。这些拥有人类最高智商和最佳口才的金融家们振振有词地辩称：金融危机更像是一场飓风，没有人能够预知它的破坏力；而自由经济的一个主要特色就是收入跟盈利能力高度挂钩，并且“金融界大部分员工在经济危机中没有错误，不应承受减薪惩罚”。

这些毫无诚意和悔意的言论，令人失望。

尽管，美国金融业在政府救援下，暂时摆脱了2008年的崩溃局面。但在经历了一百年来最严重的金融危机后，美国的失业率依然徘徊在26年来最高点附近，众多破产者依然处在无家可归的困境之中。

华尔街又迅速燃起了原本式微的血腥本性。如果不是因为越来越愤慨的舆论压力，华尔街高管们在粉饰2009年财报的同时，早就等不及地发放高额奖金了。

据称，美国各大银行已经拨备了500亿美元，用于奖金派发。即使是受限后的奖金，摩根大通公司员工也将平均每人进账46.3万美元，而高盛员工口袋里的这个平均数字，将高达59.5万美元。在许多普通投资者一年前的创伤正渐渐平复的同时，华尔街高管的“高薪门”无疑又在大家的伤口上撒了一把盐。

诚然，金融是现代社会创造巨大物质财富的无可替代的杠杆，只有金融才能如此高速地聚集巨大的财富，也只有金融才能如此有效地支配资源。然而，金融也是一个环节众多的链圈，每个环节都承担着影响全局的风险，它的破坏力和创造力一样影响深远。掌握着巨大资源和能量的金融家们手中的权力和所负担的责任远不对称。

即使贝尔斯登、雷曼兄弟、美林等替罪羔羊们已经轰然倒塌，受到了应有的惩罚。

但幸存下来的投行大亨们却变本加厉，少了许多竞争对手的当权派赚起钱来更加得心应手。他们更愿意沾沾自喜地谈论股价的强劲反弹，利润的快速回升，却鲜见从骨子里对金融危机进行反思，或者对金融监管及风险控制进行推动。

只要这种将“人祸”看作是“天灾”的观点，在投行大亨心目中还是主流，就不可能避免下一次严重的金融危机。

金融危机的深层原因，盘根错节，剪不断、理还乱。政府所作的努力、舆论的监督、各阶层的反思，长远看来，还将有重要价值。

摩根士丹利已经宣布开始改革薪酬制度，让奖金与利润和股价，而不是与交易额挂钩；与会高管也纷纷承认过度放贷的责任应该由政府监管者来承担，但监管者缺乏足够管理市场的权力，未来应该积极探讨这方面的可行性。

这些积极的信号，正如美国金融危机调查委员会主席 Phil Angelides 所说的那样，制度和信誉的重建，非一朝一夕能完成，但希望的火花，总是在一次次摧枯拉朽的博弈中迸现。

高盛 CEO 布兰克费恩　失色的金字招牌

恶劣经济环境下的出色业绩，并没有为高盛掌门人带来似乎应有的声誉。作为一名意志坚强、精于算计的投行大鳄，布兰克费恩赢得了政府援助和市场，但作为连续多年全球薪酬最高的职业经理人，他也赢得了无边的怒火。

听证会上，当另外三位银行家保持缄默或应有的谦和时，高盛董事长兼 CEO 劳埃德・布兰克费恩却在慷慨陈词，与调查委员会主席菲尔・安吉利迪斯（Phil Angelides）针锋相对。

吉利迪斯："去年高盛为何强迫 AIG 对低于票面价值的债券提供全额赔付？"

布兰克费恩："我从未收到过监管机构有关降低掉期合同价格的要求。在我能够回想起的任何对话中，我都对此毫无印象。"

吉利迪斯："高盛让 AIG 为次贷抵押证券买单，你不认为这无异于出售一辆刹车失灵的汽车，然后再给买家买一份保险？"

布兰克费恩："我们很抱歉这种交易导致一些人亏钱了，但这是金融风险管理的实践，直到目前这种产品仍有需求。"

吉利迪斯："投行可以说是金融危机始作俑者，你们为何还要向员工发放巨额奖金？"

布兰克费恩："高盛还未公布今年的奖金计划。当然，股东赞成与员工共享利润成果，自由经济收入跟盈利能力挂钩天经地义，并且我们大部分员工在经济危机中没有错误，不应接受减薪惩罚。"

这些软硬兼施的钉子，令调查委员会两个小时的质询大打折扣。无疑，布兰克费恩的同行在暗暗叫好，因为他说出了他们想说却又担心公众反感的心里话。

金融危机逐渐远离之后，这位秃顶，一脸滑稽相的小个子男人显然已经成为各大银行家的主心骨。

与此同时，鉴于高盛强劲的盈利能力，以及人们对它凭借与政府的密切关系而获得了不公平的优势的怀疑，高盛和布兰克费恩成了华尔街贪婪的象征。

《滚石》杂志作家马特·泰比，甚至将高盛描述成“一只缠绕在人性面孔上的巨大吸血乌贼”。

在这次史无前例的经济危机中，布兰克费恩反应镇定、长袖善舞，赢得了政府的支持、高盛合伙人的追捧，以及股神巴菲特的援手，并获得了高额利润。

作为6 790万美元的年薪纪录保持者，布兰克费恩也成了众矢之的。基于所有这些积极和消极的理由，英国《金融时报》把他评选为2009年“年度人物”，他俨然已经是后危机时代投行家的代表。

不光彩的胜利者

与吸血乌贼相比，布兰克费恩更像是一只敏锐、锋利、善于趋利避害、抓住兔子绝不撒手的秃鹰。

多年来，布兰克费恩的行事逻辑里，一直是目标和业绩导向。出色的业绩，让他摆脱了纽约布鲁克林区穷小子的身份，也让他在信奉丛林法则的高盛集团步步高升。

2006 年初，布兰克费恩从前任 CEO 即美国前财政部部长保尔森手中，接过高盛权杖时，高盛集团正处于鼎盛时期。这在很大程度上应该归功于公司的交易及投资战略。此前，作为高盛固定收益部主管的布兰克费恩，一直主张高盛应打破投资、顾问和交易业务之间的界限。这对高盛战略转型起了决定性作用。2007 年高盛 460 亿美元的净收入中，有 310 亿美元来自交易和自有资本投资。

保尔森曾经这样评论高盛，这是一个“很难进去，进去了很难升迁，升迁后也很难待很久”的地方。

在高盛摸爬滚打 28 年后，几乎所有的业务部门都留下了布兰克费恩的足迹：从小业务员到金牌销售员再到公司掌门人，并屡次刷新华尔街的年终奖纪录。早在 2002 年，布兰克费恩就成为高盛合伙人中收入最高者之一，年薪高达 2 000 万美元。2006 年，因为带领高盛乘风快速前进，他再获丰厚回报，年终奖高达 5 340 万美元，也创下了华尔街投资银行年终奖的新纪录。

在美国这样一个崇尚自我奋斗的社会，布兰克费恩的经历就是一部好莱坞式的励志片。即便身居高位之后，他的勤奋也比急于想要升职的业务员更胜一筹。对于高盛很多员工而言，在凌晨两点，收到这位年逾半百的 CEO 的工作邮件是家常便饭。

也许因为在他自己的成功路径里，对财富的追求和渴望，成了创新的最大动力，令他对政府限薪令极为反感，不断在各种公开场合呼吁，给予金融机构更为宽松的奖金激励方式。他十分清楚，限薪将令公司流失大批优秀的交易员，从而失去投行赖以生存的人才基础。

当年同样高薪的美林 CEO 奥尼尔、花旗 CEO 普林斯、雷曼兄弟 CEO 福尔德等人在金融危机中纷纷下台之时，布兰克费恩为何却能安然渡过危机，稳坐高位？

这是因为布兰克费恩不仅懂得冒险，也知道如何规避风险。哈佛大学法学博士的素养，使得他一直在寻求交易损失的最小化，以确保能够拥有大量的现金流。

布兰克费恩经常说自己是焦虑的乐观主义者。在巨大的成功面前，他仍然保持着清醒的头脑。即使是在金融危机发生以前，当高盛利润巨大的时候，他似乎也还是忧虑，而不是沾沾自喜。他有一句名言："I am a worrier, not a warrior."（我是一个焦虑者，并非一个斗士。）

2007 年，次贷危机开始时，高盛的交易商们就针对抵押债券采取对冲措施。他们一面向客户推销相关证券，另一面又卖空这些证券。通过这些交易，高盛不仅抵消了这些损失，而且还获得了巨额盈利。当美林、花旗等竞争对手纷纷被卷入次贷危机而苦不堪言时，高盛集团 2007 年第三季度的交易收入增长了 70%，达到 82 亿美元。正如百仕通 CEO 斯蒂芬·施瓦茨曼评论的那样："布兰克费恩学习能力极强，适应能力非凡。基本上，他实事求是地面对现实，而不是按照自己的愿望去看待世界。”

2008 年 9 月，雷曼兄弟破产、高盛股价也应声下跌的当口，布兰克费恩，一方面争取到了股神巴菲特的支持和 50 亿美元的注资；一方面紧跟美联储号召，宣布从投资银行转型为普通银行控股公司，争取到政府首批 100 亿美元的援助，让高盛在风高浪急的海啸中活了下来。实际上，高盛不但保留了实力，坦然地利用低利率和危机过后的竞争减少，获得了巨额的交易利润。它在短短的 9 个月后，率先归还了政府的贷款。2009 年第三季度，它还获得了 50 亿美元净利润。

要在平时，现在应是回味布兰克费恩长期快速升迁的一年。不过，人们更倾向于将高盛视为人民公敌，保尔森决定，结清高盛以及其他机构，与保险商美国国际集团 (AIG) 之间持有的巨额信贷违约互换合约，而没有令高盛承受任何亏损。此后，公众的敌对情绪更甚。包括保尔森和鲁宾在内的许多高盛合伙人，在离开高盛后出任公职，让人们更对该公司与政界人士过于密切的关系表示怀疑。

2009 年 10 月，高盛提留 150 亿美元，用于薪酬和福利拨备的决定，更令公众的疑虑升级为愤慨。11 月，布兰克费恩终于在公众压力下，表达了对过去的悔悟：“我们参与了明显错误的事情，有理由感到后悔。我们为此道歉。”他对公众对薪酬的愤怒做出了回应，改变高盛高级管理人员的奖金结构，用股票来奖励他们，这些股票在5年内不能出售。

批判归批判，布兰克费恩短期一定不会下台。

一方面，布兰克费恩为股东赚取了源源不绝的利润，另一方面，他所承受的这些批判，更多因为他在为他的团队——高盛400名合伙人、3.7万名分析师、交易员们争取薪酬福利，在他们心目中，敢于面对政府压力而直言不讳的布兰克费恩，不啻一个英雄。

“人们知道过去发生了什么事情，可人们不知道未来将发生什么事情。就好比飓风，金融危机就好比一场飓风。”听证会的最后，布兰克费恩还是试图轻描淡写地将危机根源引向不可抗力。这种滴水不漏的谎言，显然也是高盛愿意支付他年薪6 950万美元的原因之一。但是，他心知肚明，这场飓风不是大自然酿成的天灾，而是他和他的同行们共同制造的人祸。

物极必反，尽管后危机时代的投行家们依然充满傲慢与偏见，依然追名逐利，但更多的华尔街人士开始意识到，没有舆论的支持，金融家们的金字招牌将逐渐黯淡无光。在越来越多的公众看清楚高杠杆冒险衍生品和高额奖金制度带来的恶果时，华尔街也必然不能再像繁荣时期那样为所欲为。这里不会永远是冒险者的乐园。

摩根士丹利董事长麦晋桁　冒险家落幕

金融危机彻底改变了这位投行老兵的价值观。从危机前过分追求杠杆利润的冒险王，到危机后过度强调风险控制的保守派。麦晋桁廉颇老矣，尚能饭否？

与听证会上针锋相对的布兰克费恩相比，66 岁的投行老兵麦晋桁低调得多，他没有对过去一切进行喋喋不休的辩护，并且承认：“当时，许多金融公司的杠杆水平过高，业务风险过大，且没有足够的资源，能够在环境迅速发生变化的背景下，有效管理这些风险。”在同行慷慨陈词之时，这位黎巴嫩裔的投资大鳄，脸上明显写着冷漠和意兴阑珊。

2010 年 1 月 1 日，从大摩 CEO 上卸任，仅担任董事长的他，也许已经厌倦了投行里的这些纷纷扰扰。对曾被业界称为“刀锋麦晋桁”的麦晋桁来说，他职业生涯中最好的时光和最坏的时光都已经过去，能在后危机时代正常地退休，已经比许多半路戛然而止的金融大亨们体面得多了。他的继任人詹姆斯·戈尔曼（James Gorman）能够独当一面时，麦晋桁便可功成身退。

两起两落　他回来了

金融危机前，麦晋桁可是一个永不认输的冒险王。

麦晋桁对高风险高利润的追逐在华尔街一向名声在外，像众多华尔街精英一样，麦晋桁的冒险逐利本性是与生俱来的。他是黎巴嫩的移民，在家里排行第六。在一个以经营杂货铺为生的家庭中，麦晋桁通过自己努力加上天赋，进入了常春藤名校之一的杜克大学。1972 年，麦晋桁以债券销售员的角色加盟摩根士丹利。

华尔街生存法则，从来都是胜为王，败为寇。麦晋桁争强好胜的性格，跟华尔街丛林生存法则简直是完美的结合。他既凶猛无比，又头脑灵活，债券销售战绩辉煌，短短4年便升为副总裁。在交易厅二十几年的磨炼，麦晋桁看准了债券交易大有赚头，特别是衍生债券。他领导公司致力于衍生产品的开发与销售，常常在交易厅大声尖叫："我闻到水下的血腥了，赶快给我杀呀！"

1992年，麦晋桁当上COO（Chief Operating Officer，首席运营官）。为了爬上这一级，他奋斗了22年。公司在他的领导下，发展的策略和方向是：不择手段销售金融产品，触角伸向世界各地，包括新兴市场。当时，华尔街衍生产品成为世界上最大的市场，金额高达55万亿美元。麦晋桁是从交易柜台冲杀到最高位的，盈利是他唯一的目标。这一方向的转变，使摩根士丹利赚得钵满盆满，衍生产品部更是不断地发展壮大，变成了公司最重要的金矿。

即使有出色的业务表现，麦晋桁的职业生涯也并不一帆风顺。由于不擅长政治斗争，麦晋桁在公司的内部纷争中两次败下阵来。第一次是在2001年，摩根士丹利与添惠金融公司合并后，他受到来自添惠的裴熙亮排挤，黯然离开了服务了29年的摩根士丹利。第二次，是在远赴欧洲加入瑞士第一信贷后，出于提升公司业绩需要，他委派了下属杜德恒到伦敦负责国际业务，后者正好利用此机会与集团董事长打成一片。在半年后杜德恒成为瑞士第一信贷新一任CEO，而麦晋桁再次黯然离开。

此时，麦晋桁的老东家摩根士丹利，也因为裴熙亮的保守，错失了很多扩张的机遇。在裴熙亮执掌摩根士丹利的4年多的时间里，除了公司原有的投资银行业务仍然贡献每年全部利润的60%，添惠带来的信用卡等业务，基本上毫无起色，摩根士丹利的股价也跌入谷底。2005年，裴熙亮卸任时，这家一时叱咤风云的投资银行大哥，竟然被视为其他银行的并购目标。

这一年，麦晋桁被请回了老东家。这位被视为摩根士丹利灵魂的人物，在员工的一片欢呼声中回到了阔别4年多的位置。麦晋桁决心要重建摩根士丹利在投资者和华尔街心中的地位和形象。麦晋桁在公司高级管理层第一次集体露面的公开场合，向在场的记者宣布了自己的誓言：到2010年，将摩根士丹利的税前利润翻一番（当然，麦晋桁在后来也承认这个目标在金融危机下不可能再实现了）！

为了达成这个目标，麦晋桁制定了一系列雄心勃勃的发展计划。他已经不满足普通的收购与经纪经营模式了，决定把公司的业务集中在一切高风险高回报的业务上。

除了在业务上选择风险较大但是收益可观的业务，麦晋桁的冒险精神与对利润的渴望，也表现在他在摩根士丹利财务杠杆的运用上。他把摩根士丹利的财务杠杆升到32以上。这种“空手套白狼”的游戏，在华尔街投行中极为流行，也就是投资银行家们经常说的“Play with other’s money”（用其他人的钱去帮自己赚钱）。麦晋桁的胆量与对高额利润的胃口不是常人所能及的。在投资产品的选择上，麦晋桁剑指当时十分火热的房地产市场与衍生产品。

在 2007 年半年业绩揭晓时，摩根士丹利实现了 25.8 亿美元的净利润，这在当时将要陷入次贷危机的华尔街称得上是一个纪录！这不仅是摩根士丹利的公司历史纪录，也令摩根士丹利再次超越其强劲的对手高盛。

2006 年到 2007 年前半年，摩根士丹利上下所有员工，都认为麦晋桁简直就是摩根士丹利的救星。在麦晋桁重返摩根士丹利短短的一年多时间里，公司的股价增长超过 60%！

破产边缘令他裹足不前

不过好景不长，谁也没有想到，繁荣的背后潜藏着重重危机。几个月后，市场瞬间崩溃。摩根士丹利的激进策略，也成了压垮经济的最后一根稻草。

长期处在麦晋桁进取的领导下的摩根士丹利员工，低估了市场瞬息万变的速度。连麦晋桁这位身经百战的金融玩家，也认为房地产市场应该没有变坏得那么快。就是在这种对危机过于轻视的情况下，摩根士丹利迎来了自 1986 年上市以来第一次季度亏损。很快，次贷风暴来袭，把华尔街刮得狼藉满地。

2007 年下半年，随着大量资产的冲销，摩根士丹利的业绩充满隐忧，总有人要为这件事负责。在花旗、美林、瑞银等金融公司 CEO 纷纷辞职的当口，麦晋桁壮士断臂，让裴熙亮时代扶植的女总裁克鲁兹（华尔街职位最高的女性）引咎退位。这一次，麦晋桁终于在办公室政治中吃一堑长一智，在这个时候除掉克鲁兹，不仅能够把众人对次贷的愤怒转移到克鲁兹身上，还进一步巩固了自己在公司的地位，裴熙亮的支持者被清理得七七八八了。

2008 年 9 月，雷曼兄弟宣告破产。同样从事高风险业务的摩根士丹利的股票在一个月内狂跌了 83%！这个数字，把麦晋桁领导的这家投行，过去 15 年来赚的所有利润消耗殆尽！这是麦晋桁在摩根士丹利最艰难的时刻，完全颠覆了他 30 年来所信奉的高风险投资理念，他甚至对太太说 ：“我不知道能否顺利渡过这一关，完成历史使命。”

在这种环境下，摩根士丹利不得不接受政府 100 亿美元的救助资金，并宣告从投行转为传统的投资控股公司。转变身份之后，摩根士丹利能够设立商业银行分支机构，吸收存款，也宣告了独立投行的消失。同时，摩根士丹利向日本最大的银行——三菱 UFJ 金融集团出售 90 亿美元的股份，加大了资本限制风险，提高了资金流动性，并降低股息，大举减少资产。

如果说过去的麦晋桁，一直都以追逐高收益为目标，那么在 2008 年后，他的风格转型之快，与其一贯的作风形成了极其鲜明的对比。这位以前对传统银行业务不屑一顾的金融巨头，开始致力于从各方面入手降低公司经营业务的风险。摩根士丹利重新把自己定义成为控制风险的开展多种业务的银行。在这个新的体系中，麦晋桁加紧了服务于个人投资者的经纪人团队的建设，而不再是仅仅着眼于对公投资银行业务的开展。麦晋桁明白，在全球金融危机一触即发的时刻，个人业务虽然利润较薄，但是风险却是可控的。比起那些大起大落，动辄上亿的高风险业务来说，这些传统的业务才是摩根士丹利的生存基础。麦晋桁甚至还有了要开立摩根士丹利分行及设立自动取款机等方便个人投资者的服务的念头。

所有事情都有过犹不及的一面。此时的麦晋桁虽然意识到风险要尽量地控制，但是却在次贷危机发生后的一年里变得风声鹤唳，极为保守，因此错过了许多机遇。

相反，在此期间，摩根士丹利的对手高盛，重新拾起了债券交易和汇率交易等高利润的业务，把公司业务在一天中允许的最大损失调到 2.45 亿美元。同期摩根士丹利只是允许 1.54 亿美元，并且将杠杆严格控制在 11 左右，而一年前的数字是 33。结果，高盛成为金融危机后最大赢家，率先在 2009 年第一季度就实现了盈利，摩根士丹利就迟迟没有起色。2009 年第三季，摩根士丹利终于扭转了连续三季亏损的局面，但市场上对麦晋桁的谴责却此起彼伏。多数人都认为在需要冷静时，他为追逐过高的利润而不顾风险，直接导致了摩根士丹利在 2008 年第四季度严重亏损。而在需要冒险的时候，他又过于保守，错过了许多本该属于摩根士丹利的机会，让公司的利润经历了整整三个季度才勉强由负转正。

2010 年 1 月 1 日开始，麦晋桁不再留任摩根士丹利的 CEO。这位在摩根士丹利工作了超过 30 年的老臣子，每次被访问时，最喜欢说的一句话，就是“我最好的决策，就是在 1972 年加入了摩根士丹利”。是的，经过了这么多年后，麦晋桁的名字已经和摩根士丹利分不开了。

但是，在公司业绩刚有起色时66岁的CEO麦晋桁就宣布退位，有人猜测这是摩根士丹利董事会给他之前的“政绩”算的一笔账。在高风险的投资领域，要获得高额的利润，就必须承受额外的风险。很多高利润的投资都是一把双刃剑。在和平时代，这些投资给银行带来比传统业务要高上数倍的利润。当人们对高额利润进行无止境的追逐而逐渐显露其贪婪本性时，过高的风险可能会把之前获得的全部利润消耗殆尽！这就是华尔街金融风暴的故事，这就是那些华尔街“精英”所做的事情！

即将卸任的麦晋桁，望着他那些在金融危机中身败名裂的同辈——雷曼兄弟的福尔德、花旗的普林斯、美林的奥尼尔，那些和他一起促成了这场危机的人，他会想些什么呢？是庆幸还是愧疚？或许，他会暗自庆幸，因为风雨过后，摩根士丹利仍然存在，他自己也得以“体面”下台。

戈尔曼：安静的影响者

作为麦晋桁的继任人，澳大利亚人戈尔曼在华尔街仅仅工作了10个年头，而且一直都在做管理咨询和财富管理工作。与麦晋桁是迥然不同的一对领导者。麦晋桁会说粗话、摔电话、酷爱办公室政治、大肆装修公司在曼哈顿时代广场的总部。戈尔曼温文尔雅，更重视数据和管理，被同事称为一个“安静的影响者”。戈尔曼稳扎稳打的风格受到赏识，显示出摩根士丹利正在下很大的力气，改变那种躁动不安、孤注一掷的文化，那种以麦晋桁为代表，被金融危机冲击得七零八落的冒险文化。

1999年，戈尔曼作为麦肯锡金融行业资深咨询师，被美林聘为营销负责人。2006年，他才加盟摩根士丹利。显然，这位新掌门人缺少销售、交易和投行业务的实际经验（这几项业务收益占摩根士丹利在2009年前9个月收入的56%），自2009年9月提拔消息宣布后，戈尔曼很少公开发言，他将面临重建摩根士丹利交易业务的压力。交易业务是最先受到次贷危机冲击的部门之一，今年又因为公司不能决定该承受多大的风险而遭到打压。

17. 窃国者诸侯

当高盛集团宣告 2009 年可望成为“最赚钱的一年”，奖金数额将创历史新高，平均每位员工可获得 70 万美元的红包时，美国各界反应激烈。

2009 年 9 月 15 日，时值雷曼兄弟公司倒闭一周年。一场金融海啸，几乎把华尔街五大投行全冲垮了，而死里逃生的那两家——高盛和摩根士丹利。前者靠着华盛顿盘根错节的裙带关系，喘过了一口气，所以被戏谑为 Government Sachs（意为官商勾结）；而老牌的摩根士丹利则因为与美联储有着千丝万缕的关系，也被“担保”了下来。2008 年秋天，这两家投行暂且收起了狐狸的尾巴，把自己从投资银行转变成银行控股公司，以便接受存款。如果说从前的华尔街是受美国证券交易委员会监管，那么现在的华尔街全收归到了美联储的管辖范围，美联储真好比老鼠掉进米缸。

从表面看五大投行已经死亡，但实际上他们人还在，心并没有死，游戏规则根本未变。只要气候、温度一转，幽灵立刻复活。因为市场这块诱人的蛋糕还在，而分割蛋糕的主却少了。更由于过去一年，美国政府忙于拯救银行，而并非对银行业立法、改革和监管，以防止类似的危机再一次发生。这些大到不能倒的银行有理由相信，即便他们再一次不计后果，直到冒险、快速获利的鲁莽行径触到了海底冰山，政府也一定会再度出手救助。

事实上，美国次贷危机还远未渡过危险期，次级贷款的期限大多为期 30 年，而距离次级债务发放才刚刚过去 5 年，尚未结清的信贷违约掉期合同就有 55 万亿美元，现在仅仅冲销了 5 000 亿美元次级债务，危机可能进一步延伸。因此，当高盛集团宣告 2009 年可望成为“最赚钱的一年”，奖金数额将创历史新高，平均每位员工可获得 70 万美元的红包时，美国各界反应激烈。但高盛集团的 CEO 兼董事会主席布兰克费恩却稳坐其位。同样幸存于危机的摩根士丹利因股价下挫盈利受损，9 月 10 日公司宣布 CEO 麦晋桁将在 2010 年 1 月下台。麦晋桁下台同样使人震惊，震惊之余人们不禁发问，究竟什么原因令麦晋桁非下台不可？

同样的白手起家

白手起家经历，造就了麦晋桁雷厉风行的个人作风。如前文所述，成为首席运营官的第二年，麦晋桁发动了一场“宫廷政变”，取代投资银行家兼 CEO 罗伯特·格林希尔（Robert Greenhill），成为摩根士丹利的 CEO。

如前文所述，在白手起家的麦晋桁领导下，公司确立了以发展衍生产品为核心的经营策略。在为公司赚得盆满钵满的同时，他也爬上了摩根士丹利的最高位置。

高盛的CEO兼董事主席布兰克费恩，也不是嘴含金钥匙出生的。他父亲是纽约邮政局一名普通员工，住在布鲁克林的政府公寓。布兰克费恩小学、中学都是就读公立学校，他是个听话的学生。1971年高中毕业，他以最优异的成绩，代表全体毕业生站在讲台上致词。随后他进入哈佛，靠政府的财政资助读完四年大学。1978年，他又获得哈佛大学法学院法学博士学位。

布兰克费恩的职业生涯，始于律师事务所，担当公司法（corporate tax）的律师，两年后便被吸纳为合伙人。1981年，他决定退出律师事务所，进军华尔街。他眼光独到，第一志愿就是高盛。很不幸，他的申请遭到了高盛的拒绝。无奈之下，他只好屈就J. 阿隆（J. Aron），一家规模较小的商品交易所，办事处在伦敦，他在J. 阿隆负责推销黄金。而那时的麦晋桁，早已在摩根士丹利担任董事经理。

20世纪80年代，高盛决定收购J. 阿隆，将其归到固定收益部。因此，布兰克费恩才有机会被留在固定收益部，继续从事黄金交易。但从此他在高盛扶摇直上。1988年他被高盛吸纳为合伙人。不到十年，他便在固定收益部下属的货币与商品部，高盛最赚钱的单位，担任了最高职务。或许他运气好，加上一张天生巧言善辩的嘴，2003年布兰克费恩取代约翰·塞恩（John Thain，前美林证券的CEO），被任命为总裁兼首席运营官。正好比麦晋桁担任这一职务晚了十年，当时的麦晋桁已经是瑞信的CEO了。

麦晋桁是靠勇猛善战从最底层“拼杀”冲上了最高位。布兰克费恩则用他自己的方法到达了投行食物链的最顶端，而根本没有按华尔街典型的路径爬阶梯。2006年5月31日，高盛董事长兼CEO保尔森被布什提名为财政部部长，布兰克费恩竟然神奇地接替了保尔森的职位。布兰克费恩的名字从来就不在保尔森的计划中。保尔森原本计划让约翰·塞恩（前纽交所和美林证券一把手）或者约翰·桑顿（John Thornton，前高盛总裁兼首席运营官）在某天接替他的位置。结果，约翰·塞恩去了纽约证交所，约翰·桑顿则去了中国担任学术职务。经过一番周折，麦晋桁又被摩根士丹利高薪聘回，担任CEO兼董事会主席。

一场金融海啸，迫使麦晋桁和布兰克费恩各显神通度难关，结局却出人意料。

危机当前，各显神通

华尔街投行虽然性质相同，但优势不一，各有侧重。摩根士丹利的核心业务分三部分：机构证券（Institutional Securities）、全球财富管理集团（Global Wealth Management Group）和资产管理（Asset Management）。

机构证券部，是近年来摩根士丹利盈利非常大的部门。这个业务部门提供并购、重组、地产、项目融资以及企业贷款等金融部门的咨询服务。证券机构部门包括了公司的股票和固定收益部，麦晋桁就是从这一部门爬上最高位的。不过，这个部门在金融海啸中受到了重创：客户纷纷远离衍生产品，现金业务大幅度下滑；截至 2008 年 11 月 30 日，此部门共亏损 12 亿美元。

2009 年第一季度的财报显示，摩根士丹利的净收入，来自机构证券和全球财富管理集团。其多元化的专营能力强劲，固定收益部的产品及销售从 2008 年亏损 12 亿美元，到 2009 年一季度净营业收入 13 亿美元。大宗商品、利率及信贷产品，也呈现盈利的趋势。虽然股票销售略显疲弱，净收入只有 8.77 亿美元，比 2008 年第一季度下降 75%，却只比 2008 年第四季度下降 49%。摩根士丹利的这一核心业务开始盈利，是由于机构证券部是摩根士丹利的原有资产。麦晋桁的老土地，虽然被金融海啸侵蚀掉很大一部分，2009 年第一季度却还能产生净 17 亿美元的收入，成为公司走向光明的一大转折点。

摩根士丹利的全球财富管理集团，主要客户都是拥有高净值的个人和对冲基金。它专为这一群体提供财务、财富规划和投资咨询服务。截至 2008 年第一季度，这一部门的财报显示，它的税前收入每年增加 12%。

随着整体市场的萧条，富人的资产和对冲基金都大幅缩水，摩根士丹利的 2009 年第一季度财报显示，全球财富管理集团净收益只有 13 亿美元，虽比前一季度稍有增加，但与 2008 年同期相比却下跌了 44%。下跌原因归咎于两个方面：(1) 2008 年第一季度，摩根士丹利出售了“西班牙财富管理”的业务；(2) 资产管理和交易量的收入减少，客户资产严重缩水，市场活动减少，承销业务收入低下。不过，一旦市场恢复活力，这块业务就将带来更大的盈利。

最最不幸的是摩根士丹利的资产管理部门。它主要提供全球性的资产管理，产品和服务则通过第三方的零售分销渠道的中介机构、摩根士丹利的体制分销渠道和零售客户，包括股票、固定收益及其他投资和私人股本。资产管理活动主要在摩根士丹利和凡康（Van Kampen）的品牌下进行，为全球机构投资者提供资产管理和服务，包括了养老金计划、私人资金、非营利组织、基金会、捐赠基金、政府机构、保险公司和银行等。这一块业务原本是摩根士丹利非常创利的部分，由于房地产市场崩溃，更由于资产管理部的许多客户与它断绝了业务关系，净资产减少了 863 亿美元，使公司亏损巨大。2008 年第一季度，这个部门公布的税前亏损高达 1.61 亿美元。

持续阻碍收入增长的还有公司的商业银行业务。亏损的部分是本金投资、房地产和私募股权投资业务，亏损净额为 3.19 亿美元。公司继续将这些“停顿”的资产留在资产负债表上，以适应不同的业务、维持营业收入和应付不利的市场走势，这使摩根士丹利面临艰难的经营环境，动摇了其传统地位。事实上，摩根士丹利确实在不断减少其传统资产。2008 年，摩根士丹利公布的第四季度 23 亿美元亏损，超过了大多数分析师最悲观的预期。2008 年第四季度，资产管理部仍然是负收益，跌势惨重，下跌了 87%，主要原因是松弛的管理和行政收费，以及下跌的资产管理额。

这种环境下，摩根士丹利不得不接受政府100亿美元的救助资金，并且向日本最大的银行——三菱UFJ金融集团，出售90亿美元的股份，加大了资本限制风险，提高了资金流动性，并降低股息，大举减少资产（是去年同比的45%，达626亿美元），资本充足率超过巴塞尔协议6%的最低标准，到达16.4%。与此同时，摩根士丹利削减了具有杠杆效应的住宅按揭业务和与其相关的交易投注规模，并使用公司的自有资金进行投资。结果，还是不及高盛。

高盛的主要业务也分为三部分：投资银行（Investment Banking）、资产管理与证券（Asset Management and Securities Services），及交易与本金投资（Trading and Principle Investment）部。

成立以来，高盛一直采用合伙人制。几十年来，合伙人之间为公司是否公开上市争论不休。1999年，高盛作出了历史性的决定，首次公开招股，将一小部分股权投放于市场。但48%的股权依然采用合伙人制，22%的股权留给不是合伙人的高级雇员，18%的股权分别给退休的合伙人、长期的合作伙伴住友银行（Sumitomo Bank Ltd.）以及夏威夷卡美哈活动联社（Hawaii's Kamehameha Activities Assn）等，公开上市的股份仅占12%。可想而知，高盛的利益就是众多合伙人的利益。无论走到哪，他们都会竭力维护高盛的利益。

高盛的投资银行部门，包括财务咨询（主要业务涵盖兼并与收购、投资、企业防御活动、重组与分拆）以及承销业务（公开上市、私募股权以及相关的债务工具）。在这一领域，高盛名列前茅。在20世纪80年代的兼并潮中，高盛是唯一反对敌意收购的大型投资银行，高级管理层因此而获得良好的声誉。高盛17%的收益来自投资银行部门。

高盛的资产管理与证券服务部业务发展迅速，获得了相当大的市场份额。这个部门分为两部分，资产管理专为大机构和非常富有的个人提供投资、财务策划、共同基金的管理以及所谓的另类投资（对冲基金、基金的基金、基础设施基金、房地产基金和私人股权基金）咨询。证券部主要为共同基金、对冲基金、养老基金、基金会以及高净值个人提供优质的经纪和金融服务。这部分收益大约占高盛总收入的19%。

2006年，高盛的资产管理对冲基金（The Goldman Sachs Asset Management Hedge Fund）是全美国规模最大的一只基金，资金高达295亿美元。2007年，高盛的资产管理对冲基金，基金价值为325亿美元，屈居全美第二位，败在竞争对手JP摩根手下（基金额达331亿美元）。因为，这一年的8月，高盛为了拯救其自身的“环球股票机会对冲基金”（Global Equity Opportunities Hedge Fund）花费了20亿美元，以应付“重大的市场混乱”。截至2008年12月31日，高盛资产管理对冲基金的价值只剩下200.6亿美元，跌去38%。跟摩根士丹利一样，金融海啸使高盛这一块损失惨重。

“堤内损失堤外补”，近年来，随着从高盛走出去的合伙人担任政府官员的越来越多，他们参与国家公路私有化的咨询与交易项目也越来越频繁，目标是将公路出售给外国投资者。除了提供咨询印第安纳州的收费公路外，根据芝加哥市长办公室前顾问约翰施密特透露，高盛与得克萨斯州州长里克·佩里（Rick Perry）的管理层，又谈妥一宗将公路私营化的项目，将高速公路租给私人经营。高盛与许多州政府挂钩，就如何进行结构性的私有化公路交易提供咨询服务，在国家收费公路领域发挥了举足轻重的作用。咨询费、经纪费高盛独享，根本没有竞争对手。高盛甚至自己投资国家收费公路市场，在这些交易中，利益冲突难以量化。

近年来，许多前高盛的合伙人进入了政府机构。有克林顿执政期间的罗伯特·鲁宾，小布什掌管白宫时的亨利·保尔森，在白宫“一人之下，万人之上”的办公厅主任鲍尔顿，新泽西州长乔恩科赞，前高盛集团的常务董事、现任世界银行总裁左易克，前高盛的董事会主席、美联储纽约储备委员会主席弗里德曼。高盛的人马，密布全美各领域，从证监会、纽交所、政府、媒体，到世界银行，他们全是一伙的，简直就是翻手为云，覆手为雨。

致使高盛陷入危机的另一个部门，是三个部门中最大的业务部，交易和本金投资部，它原本是公司的利润中心。这一部门又分为三个部分：固定收益、货币与大宗商品（包含利率交易和信贷产品、抵押担保证券交易和贷款、货币和大宗商品、结构性的衍生产品）以及证券（买卖股票交易、股票相关产品、股票衍生工具以及世界期货市场合同）和本金投资（商业银行的投资和资金，这部分包括从银行的交易活动中所取得的营业收入和利润）。高盛有大约 68% 的收入和利润来源于这一部门。布兰克费恩进入高盛后，一直坚守这块阵地，这一事实也解开了为何他会晋升为 CEO 之谜，长期以来他一直负责大宗商品交易。

这个部门的次贷业务为高盛攫取了巨额利润，尽管次贷危机最终爆发了，高盛却能在危机崩溃中，通过出售做空抵押贷款支持证券获得对冲收入。高盛的两位交易员斯文森和比恩鲍姆在这起巨额利润事件中应该担负责任。他俩是纽约总部结构性产品部的，“下赌”40 亿美元卖空抵押贷款相关证券。最初避免了注销巨大的次贷投资，还取得了净利润，抵消了非抵押贷款证券的重大亏损，但最终还是导致巨大亏损。2008 年底，高盛也接受了政府 100 亿美元的救助资金。

最富争议的是高盛来自政府见不得光的资助。美国政府明面上救助濒临倒闭的 AIG，而实际上是不想让高盛倒台。从政府救助 AIG 这一漏斗里流走的资金，最大的受益者是与华盛顿有牵连的高盛集团。AIG 赔偿给高盛的金额高达 129 亿美元，其次是美林证券 68 亿，美国银行 52 亿，花旗银行 23 亿，美联银行 15 亿，法国兴业银行和德意志银行各赔偿 120 亿，英国巴克莱银行 85 亿，瑞士银行 50 亿等，这些靠着高盛得到赔偿的外国银行，当然懂得知恩图报，将会在美国以外的市场为高盛开启方便之门。

政府救助 AIG 花费了 1 800 亿美元，这一救助行动之所以引起争议，关键的问题是保尔森。保尔森 2005 年和 2006 年担任着高盛的 CEO 兼董事主席，他带领高盛“下注”了所有 AIG 的金融产品，而最后的结局却迫使政府保障他的赌注。他的高盛 CEO 的角色和财长的角色,难道不牵扯利益冲突？根据《纽约时报》报道，保尔森与布兰克费恩在紧急救市的一周里至少通话 12 次。救市计划全都来自他，国会传唤的应该是保尔森。

危机后的摩根与高盛

华尔街赚钱的手段，主要是对资本的控制以及滥收费用。大公司通过银行支付这些费用，个体投资者通过交易支付佣金。这是最容易赚钱的部分。不过，华尔街最肮脏的小秘密，是截取一半的收入。只要看看摩根士丹利或高盛的利润报表就会发现，其中开支一栏的一半是公司员工的薪酬，通信费用仅占 10%，然后就是利息支出，再有建筑物和电费开销等；其余遗留的才报告给股东作为公司的利润。但最大的费用支出，当然就是臭名昭著的华尔街奖金了。因为华尔街罪恶的本质，就是利用复杂的交易扩大增厚财富的甜饼（不管财富是否掺水），进而不道德地剥夺社会财富，以最大限度地扩大个人的金融收益。

2008 年 9 月 21 日，两家银行同时宣布：将投资银行改变成银行控股公司，因此财政会计年度结算的月份也随即发生变更，给高盛制造“亏损大转移”创造了条件。

2009 年 4 月，高盛和摩根士丹利的财报出炉了。

2009 年第一季度，高盛“膨胀化”的盈利引发了争议。有迹象表明，高盛创建了一个“orphan month”。把所有的亏损全部转移到2008年12月（2008年高盛靠政府救助而支撑下来，奖金已无指望）。高盛财报显示，去年12月亏损7.8亿美元，而2009年第一季度却盈利18.1亿，这就为2009年发放大红包打下了“扎实”的基础。

2009年7月，纽约州检察长安德·库默（Andrew Cuomo）透露给《华尔街日报》，高盛2008年底接受TARP的救助资金后，公司支付了数亿美元的奖金给1 556名雇员。其中212名雇员收受了300万美元奖金，391名雇员拿到200万美元奖金，953名接受了100万美元奖金。最大的赢家，毫无疑问是公司的CEO布兰克费恩，收进6 850万美元的现金和股票，比2006年还增加1 510万（5 340万美元），成为华尔街薪酬最高之人，稳坐高盛CEO兼董事局主席的宝座。

摩根士丹利2009年4月22日的财报则显示：2008年12月单月净亏损达13亿美元，2009年第一个季度亏损了1.77亿美元。为此，麦晋桁放弃了2007年和2008年几千万美元的奖金，他手下的员工奖金也严重缩水。

金融危机渐渐平息，2009年第二季度，摩根士丹利的财报却继续报亏损，金额超过12亿美元。与此同时，它唯一的竞争对手高盛一枝独秀，第二季度报盈利超过27亿美元。

摩根士丹利的亏损，反映在房地产投资的减少和急于偿还政府100亿美元的救助资金。而华尔街相关的评论指出，摩根士丹利未能削减早先所产生的风险，增加收益，结果，公司的股价比麦晋桁 2005 年接任之初跌去 37%。胜者为王败为寇！麦晋桁的下台也算符合华尔街游戏的规则了。

高盛 CEO 布兰克费恩

劳埃德·布兰克费恩执掌高盛 3 年以来，高盛不仅比华尔街其他金融机构更好地度过了 2008 年全球金融危机，而且即将实现创纪录盈利，并向其 3.17 万名员工支付至多 230 亿美元的奖金。

高盛的成功在很大程度上归功于布兰克费恩。布兰克费恩是一位坚强、聪明、风趣的金融家。他调整了高盛的发展方向。在他的领导下，交易和冒险扮演主要角色，降低了投行顾问的影响力。

然而，2009 年华尔街面临了一波公众的怒火：只是凭借纳税人援助才生存下来的银行，似乎不知悔改。鉴于其强劲的盈利能力，以及人们怀疑它凭借与各国政府的密切关系而获得了不公平的优势，高盛成了华尔街贪婪过度的象征。《滚石》杂志作家马特·泰比将高盛描述成“一只缠绕在人性面孔上的巨大吸血乌贼”。

布兰克费恩难以有效地反驳这些批评。一开始他坚称，高盛即使没有美国财政部的帮助也会生存下来，后来改口为该行的行为道歉，最后宣称它是在“做上帝的工作”。

然而，他也精明地带领高盛度过了危机，正确地押宝（在政府的帮助下）全球投行，从危机中生存下来，而且不会被监管机构拆分。实际上，高盛保留了实力，坦然地利用低利率和危机过后的竞争减少，获得了巨额的交易利润。

基于所有这些积极和消极的理由，英国《金融时报》把布兰克费恩评选为2009年“年度人物”。在20世纪30年代以来最具考验性的时期，布兰克费恩的工作和个性，使其成为华尔街的公众形象。

与高盛最接近的竞争对手摩根士丹利董事长麦晋桁表示：“劳埃德聪明，真的很投入，精力充沛，风趣，反应很快。他擅长分析，并能迅速作出决定。”

布兰克费恩最有价值的性格特点是他的适应能力，这使他在高盛内部平步青云,还在危机爆发前帮助了高盛。该公司当时发现，次级证券在日益恶化，因此削减了头寸，而其他机构则告诉自己，市场错了。

私人股本集团百仕通的首席执行官斯蒂芬·施瓦茨曼表示：“劳埃德学习能力极强，适应能力非凡。他基本上实事求是地面对现实，而不是按照自己的愿望去看待世界。我认为，这种能力源自他的个人背景。”

随着交易部门为高盛贡献的收入越来越多，布兰克费恩不断晋升，最终在2006年接替被任命为美国财长的汉克·保尔森，出任高盛首席执行官。布兰克费恩当时主张，高盛应打破投资、顾问和交易业务之间的界限。

高盛按照他的策略前进，并从中获益匪浅：到2007年，高盛净收入达到460亿美元，其中310亿美元来自交易和自有资本投资，而布兰克费恩的薪酬达到5 400万美元。成为高盛“合伙人”（400名高级董事总经理之一）成为在华尔街获得巨额财富的最可靠途径。

布兰克费恩并不特别奢侈。他的大部分财富都投入了高盛股票，目前其持股价值约6.15亿美元。他住在中央公园西路15号的一套价值2 600万美元的公寓里，这栋公寓楼是华尔街大亨们喜欢的。1995年，他还在汉普顿的Sagaponack买了一套房子。

布兰克费恩几乎没有业余爱好，但他大量阅读。他在哈佛时专修历史，现在仍是一名历史迷，并且是英国《金融时报》和高盛“年度商业书籍奖”的热情评委。为了保持体形，他经常游泳和跑步，尽管他的体重经常波动。

他还抽出一些时间从事慈善活动，包括在哈佛大学领导一个助学金工作组。哈佛大学校长德鲁·吉尔平·福斯特表示：“他对助学金的含义有深刻见解。他所受的教育对他的一生意义重大。”

然而，布兰克费恩把大部分精力和智慧都倾注在工作上。麦晋桁表示：“作为高盛的掌门人，他觉得责任重大，谁都会这样。”

布兰克费恩似乎继续得到手下高管的支持。今年高盛创纪录的利润有所帮助，尽管其业绩是不均衡的：今年前9个月，高盛从交易和自营投资部门获得了238亿美元净收入，但投行业务的收入只有32亿美元。

纽约大学教授、高盛前合伙人罗伊·史密斯表示，布兰克费恩在金融危机中反应镇定，获得了许多前合伙人的信任。他回忆起一年前布兰克费恩在纽约一次会议上的讲话。

史密斯表示："他说这是可怕的时期，但公司仍有许多聪明、敬业的员工和所需的全部资本。高盛可能不得不在许多方面进行适应，但它以前就这么做过。那番话得到了高盛元老们的强烈支持。"

问题是他今后将把高盛带向何方。2009 年，布兰克费恩表达了对过去的悔悟。在 11 月的一次演讲中，他表示："我们参与了明显错误的事情，有理由感到后悔。我们为此道歉。"

他对公众对薪酬的愤怒作出了回应：改变高盛高级管理人员的奖金结构，用股票来奖励他们，这些股票在 5 年内不能出售。

Only

Socialism Could Save America

第二章

信贷，实现了谁的梦想

2000 年后，美联储连续 11 次降低利息，信贷进一步放松，大量“明天的钱”涌入，房价再次掉头向上。直到 2006 年底，大家都在用明天的钱，买下了明天的房价，甚至是后天的房价。

Option ARM 带来的美国噩梦

18. “Option ARM”能实现美国梦吗

“Option ARM”带给银行家的美国梦与带给低收入者的噩梦。

18 年前，我在纽约勤工俭学时，在一家中餐馆送外卖。老板的远亲小刘，刚从福建偷渡过来，不识英文，普通话也说不利索，中文繁体字的报纸都看不太懂，连外卖都无法送，只能在店里负责打包干杂活。别看小刘因偷渡费欠下 3 万多美元，月收入又只有 800 美元，连本带息还债至少需要五六年。但他整日乐呵呵，哼哼邓丽君的歌，对未来充满了信心。还常学着《列宁在 1918》中瓦西里对妻子说的一句话：“不要担心，面包会有的，牛奶也会有的。我今后一定会有大别墅，孩子一大堆。”

是啊，多少人从世界各地来到美国，追求着传奇般的美国梦。他们坚信，只要努力，就一定能梦想成真！

后来，小刘从打杂做到厨师助手，最后做了炒锅，每月收入 2 000 美元。6 年后，他还清了偷渡费，还跟一个同乡的衣厂女工结婚，生了一男一女。10年后，竟然因多生了一胎而申请到“庇护绿卡”，在美国安顿了下来。唯一的遗憾是体现美国梦的大别墅姗姗来迟。可以想象，他的收入跟老婆打工的钱相加一年不过三四万，除去每个月的日常开支后几乎所剩无几，想要买一栋独立大屋，在正常情况下，简直犹如天方夜谭。

小刘眼看周围的好些亲友申请到了贷款，买下大房子。要强的他也去银行申请，却被银行拒绝了。尽管，银行开始放松信贷，但他们夫妇的年收入实在太低，银行告诉他连最次级的贷款都办不下来。

2004年，小刘的同乡们奔走相告：“超低息的房贷，不查收入，不查信用，人人可以买房子！”他听了眼睛一亮，连忙去银行申请，顺利得简直无法想象！他贷到40万，每个月只需支付1.25%的利息，合1 333美元而已，比他们的1 500美元的房租还要便宜。他和老婆毫不犹豫马上买下40万的独立房子。虽然房子旧了一些，也不是什么好地段，但总算“拥有”自己的房子了。

买下房子不久，小刘给我来电话，激动地告诉我，美国真是个神话世界，居然想什么来什么！他请我到他的新居去玩。我一听很纳闷，我知道他们的收入状况，怎么买得起40万的房子？

到了小刘家，为了表明他真的拥有了大房子，居然把信贷材料秀给我看。我仔细一瞧，小刘的贷款合约属于当时的一种金融新产品，叫“Option ARM”（选择性浮动利率房贷）。这种房贷在头5年不用还Principal（本金），支付低利息即可（就像用信用卡一般)。当时房贷的浮动利率是 3.25%,小刘选择(其实是银行替他选择)了每月支付 1.25% 的利息。5 年后那少付的 2% 的利息将加入 40 万的本金之上,然后再连本带息支付贷款。我不禁替他担忧,5 年之后他能付得起吗?

我将实情告诉了他。他大吃一惊!他老婆当场哭了出来。第二天他去了一趟银行,回来后兴奋地给我来个电话,叫我不用担心。银行说了,房价肯定每年都会朝上涨,像他这样的房子 5 年后说不定能涨到 80 万,到时候大不了把房子卖了,不仅还了银行的钱,还至少"赚"个 30 万,怕什么!

我本想告诉他,房价是不可能一直上涨的,但又不愿伤了他,只能祝他好运了。

如今,我的担忧成了现实,与 2004 年相比,小刘那个区域的房价已经跌去了 25%。目前,银行的房贷利率是 6.5%,再将 2% 利息全部转为本金,他的贷款增加到 42 万多,小刘必须每月拿出 2 528 元来支付房贷,这几乎是他们全部的税后收入。

不知小刘怎样了,我连电话都不"敢"打给他。

19. 信贷制造的“后天”房价

2000 年后，美联储连续 11 次降低利息，大量“明天的钱”涌入，直到 2006 年底；大家都在用明天的钱，买下了明天的房价，甚至是后天的房价。

2006 年下半年，美国房价开始下跌。快四年过去，至今尚未见底。据美国房地产市场研究网站 RealtyTrac2010 年 4 月 15 日公布，三月美国遭查封房产数量大增，使第一季度遭查封房产数量创下了有史以来最高的纪录。美国政府为救房市推出了一系列计划，但仍无法减缓房贷违约的速度。根据 RealtyTrac 预估，今年全美遭查封房产数量可能打破去年 280 万的纪录，将冲破 300 万大关。预期法拍屋将继续大量出现，至少将持续到 2013 年，甚至 2015 年为止。很显然，更多的美国人将失去自己的家园，美国房地产价格还将持续下跌。

这些丧失家园的人有一个共同点：当时都是向金融机构借贷买下的房子。

在不断得知无数美国百姓购屋成家的美梦转眼成为梦魇，无数借款人身陷房屋价值暴跌与房贷金额高昂的双重压力之后，相信很多中国人不禁会问道："美国今天的情景是否会出现在明天的中国？"

人性雷同。不管是美国人还是中国人，大都觉得拥有自己的房产是成功的象征。不过，中国百姓长期以来秉承着传统观念，赚十分起码存七分，视寅吃卯粮为败家子。20世纪90年代初，当商品房刚刚兴起之时，杭州一套70平方米的公寓大约只需十来万元人民币，按目前房价来看简直是便宜得不可思议，可当时房子竟然还滞销，为什么呢，因为那时普通百姓还不习惯借贷买房。

然而不久，一个诱人的故事传进了中国大地。

某一天，一个美国老太和一个中国老太在天堂相遇。她们互相询问起人间的生活，美国老太自诩以借贷的方式，住着大房子开着大汽车，在人间潇洒地走了一回。中国老太听了之后，悔恨自己一辈子节衣缩食，临死前才刚刚存够买房子的钱，还没享受一天就进了天堂，简直冤死了。

这个"美国老太"的消费方式，顿时令中国民众大开眼界，更羡慕不已。几千年来，中国百姓节俭过日子，日常生活围绕一个字——省，从不花费不属于自己的钱。现在"美国老太"的榜样放在眼前，一样的人生，不一样的生活，如果可以选择，为什么不呢？人们无可抑制地向往复制"美国老太"的消费模式，提前得到"美国老太"式的享受。于是，"用明天的钱圆今天的梦"这一诱人的口号，在这恰当的时候，堂而皇之响亮地呼喊起来，颇为迎合民众的口味，完全颠覆了中国人“量入为出”的古老传统。

观念的改变，立刻带来行动的变化。“美国老太”式的消费模式一出现，中国民众连五六年都不愿再等了。他们逐渐放弃了以往的谨慎态度，盲目跟从，一哄而上，好像要豁出去了。

如果大家都不靠借贷，那么房价的涨跌就只能随着收入的涨跌上下起伏，反映的是合理的供求关系，就像房租那样。比如上海，这 10 年来平均房价上升了 4 倍，而房租的上升连一倍都不到，显然房租和收入的增长成相应的比例。这是因为租金不能借贷，必须支付现金，租金所反映的是真实的供求关系。

杭州那套 70 平方米的公寓，按当时普通民众的收入水平，只不过相当于普通家庭平均三年的收入。一般家庭省吃俭用五六年，不必借钱就有能力购买。而现在呢，中国一线城市的房价如火箭发射，一路升天。不到 20 年，杭州的房价便涨了 10 到 15 倍！当年 10 万的那套公寓，涨到了 120 万元，甚至 150 万。

那些豁出去的人可能从未想到过，金融机构又不是慈善家，“用明天的钱”是要偿付利息的，借得越多，还得越多，说不定要子子孙孙来偿还。结果，大多数人都成了房奴，将用一辈子的钱去供那一套房子。

事实上，“美国老太”的消费方式，也只是近 30 年才开始的。美国从英国的殖民地到独立，直至 1971 年之前的 300 年间，几乎没有通胀，房价一直维持在平均家庭年收入的 1.6 到 1.8 倍，普通家庭一般不用借贷，只需存几年钱，就能买下一栋属于自己的房子。

然而，到了1971年，美元和黄金脱钩，从理论上来说，美国可以无限制地印钞票。政府作为监管功能的角色开始丧失。解禁放松金融管制的国策始于里根政府，并伴随着恢复自由市场的口号，被称为里根“革命”。这一“革命”又被布什和克林顿政府进一步推向了高潮。金融机构知道发大财的机会到了，于是一改严格审批贷款的政策，开始忽悠百姓借贷买房，“用明天的钱圆今天的梦”的口号开始出现。从1971年开始，美国房价的上升逐渐超过了收入的上升，从1.6倍，一路上升到3倍、4倍、5倍……

20世纪90年代初，美国房价曾经巨幅下跌了几年。2000年后，美联储连续11次降低利息，信贷进一步放松，大量“明天的钱”涌入，于是房价又掉头向上，直到2006年底。

“用明天的钱圆今天的梦”正是这30年来大大小小泡沫产生的根源。为什么呢？其实非常简单。大家都知道，在市场经济中，物价由供求关系而定。一旦人人都可以借贷了，当大家手中都有了“明天的钱”，这时人的购买力已经和他的实际收入脱离了，市场的供求关系立刻被扭曲。用尚不存在的明天的钱去购买房子时，那种不实的“求”便无限增大，房价自然急剧上升。

租房子呢，只要留意一下就知道，这些年来并没有随着房价的上升比例而上升，只是随着收入的比例而增加。因为租房子必须付现金，是不能用借贷来支付的。

更重要的一点，当一个人或少数人“用明天的钱圆今天的梦”

还似乎可行，因为他们还能用明天的钱买下今天价格的房子。但是，当多数人都在用明天的钱的话，那么今天的房价也就不再是今天的房价，而变成了明天的房价。大家都在用明天的钱，买下了明天的房价，甚至是后天的房价，加上利息因素。假如泡沫的破灭影响到实体经济，造成失业率上升，明天的钱没有了，房市就将下跌，今天的美国就是如此。

这些年在美国，每个家庭，买房子贷款、买汽车贷款，甚至买个几百块钱的电视机或床垫也分期付款。几乎所有的美国人一拿到薪水就立刻写支票付账。每个月，四五十张账单，都是分期付款。三个月前，CNN做过一个调查，发现现在美国的中产阶级离穷人只有三个月的距离。也就是说一旦被炒鱿鱼了，3个月后，等到失业救济金拿完了之后，那些账单就没有办法支付，中产阶级的工人们也就只能宣布破产，靠政府救济，立马沦为穷人。

正可谓，“天有不测风云，人有旦夕祸福”。用“明天的钱”不靠谱，因为明天的钱不一定会有。当你借用明天的钱，买下了明天，甚至后天价格的房子之后，一旦你的经济出了状况，那明天的钱就只能圆明天的噩梦。这在今天的美国，在这次金融危机中，就已经有1 200多万百姓做出了“榜样”，而且，还将继续有更多这样的噩梦不断地涌现。

租房 or 买房

20. 租房还是买房

全世界任何地方，只要售租比超过160，那儿的房价就是有泡沫了。

我的同事吉米是苏州人，交大的电子工程学士，出国前在上海工作了好几年。6年前，他移民来多伦多，找了半年的工作，没有合适的。于是，他入了多伦多大学攻读硕士学位，毕业后顺利地进入加拿大的华尔街——海湾街（Bay Street，所有加拿大大金融机构的总部都在这条大街上）。

近日，吉米迷上了周立波，将网上所有周立波的节目全部下载刻成光碟，反复地看。他得知我也是上海出来的，每次和我聊天他都要学几句周立波。

上周一，他走进我办公室，学着周立波的口吻说道："思进，我胸哈……闷。"原以为他又要学周立波什么段子，看他心事重重的样子又不像，便问他怎么回事。

原来，他堂弟要结婚了。按说结婚是喜事，怎么会搞得吉米“胸闷”呢？他堂弟也是大学毕业后来到上海工作，好几年前就和一个东北姑娘好上了，他堂弟和女友每个月赚1万5千，现在租了一套很不错的公寓住着，房租5 000一个月，过得很潇洒。

吉米告诉我，前天他堂弟来电话，说想把他们现在租的公寓买下来，300万。首付75万，他已经凑到了65万，包括自己和父母储蓄，爷爷奶奶外公外婆掏空养老储蓄的“赞助”。就差10万了，所以，问吉米借2万加币。借吧，自己还没有买房呢，准备等房价再跌就要买了。不借吧，怎么说呢？

我一算，不对呀。300万的房子，每年房租不过6万而已，售租比50，远远超过合理的售租比15的3倍，单按这个金融标准，房价泡沫太大了，而租房太合算了！我曾在北美最像上海的曼哈顿生活多年，就是一直租公寓住。那时，我住的公寓市价100万美元，每年租金3万。曼哈顿的地产税是房价的2%到3%，如果买下我所租的公寓，至少要100万美元。每年支付地产税、公寓管理费再加上水电费甚至要超过三万美元，根本得不偿失。这也就是90%以上的曼哈顿人情愿一辈子租房住的原因。曼哈顿公寓的售租比30左右，租房合算。上海就更不用说了，为何吉米的堂弟非要买呢？

听了我这一说，吉米说和堂弟再沟通一下。过了几天，他又走进我办公室，“思进，我‘胸还是哈……闷’。”“怎么啦？”我问道。吉米告诉我，原来他堂弟和女友同居多年，就是因为没有房子而一直没结婚。准丈母娘早就发下话来：“没有自己的房子，绝不能结婚！”

我对吉米说，据我所知，现在国内新房的设计寿命一般定在30到50年，也就是说，50年后房子就将变成一堆废墟。花个300万，别说还要付银行利息了，住50年，每年合着也要6万元，也就超过租金了。假设将300万存入银行，一年利息收入付房租也都足够有余。最关键的，从金融角度上说，所谓拥有房地产，指的是拥有土地。然而目前在中国，个人是不能拥有土地的，即使买了房子，只是拥有最多70年的住房使用权而已。所以，对中国人来说，不管你买房子也好，租房也罢，区别只是租用的长短而已，都不是真正拥有。

吉米说，这些我也都知道的呀，我也都说给我堂弟听了。但我叔叔第二天来电话，一开口就说：“你是不是要我们家断子绝孙？借还是不借，说句痛快的吧。”话说到这个份上，我非得借了。不借的话，连亲戚都做不成了。我也知道，钱借了出去，就别指望他们还了。他们都将成房奴了，哪还有钱还我？算了。

看来吉米这下要胸闷些日子了。

21. 一辈子租房又何妨

10 年前的一套上千万的“总统单位”，现在的月租金只要 7 500 元，还注明长期租住可以打折！上千万元存在银行，每年也有 20 万元利息，付完租金还有赚。

次贷危机引发的金融危机已经一年多了，2009 年 5 月 26 日的美国财经头条新闻却依然和房地产相关：根据 The S&P/Case-Shiller 公布的房价指数，美国房价还在雪崩之中。2008 年第四季度，美国房价破纪录地跌了 18.2% 之后，2009 年第一季度又跌了接近 20%，再次刷新历史纪录，而且全美国所有地区一起下跌，无一幸免。

既然房价跌到如此地步了，房子应该很便宜了，大家不是都能买得起了？非也。虽然美国房价已经连跌三年，目前回到了 2002 年的价位，但所有的数据都显示房价依然还在高位，其中最为有力的数据，是几天前由联邦经济统计局发布的，整体房屋贷款的总值，占了美国 GDP 的 73%，离 1986 时 40% 的合理点相差甚远（见附图），说明房地产泡沫还远未破灭，还有 30% 到 40% 的下跌空间。

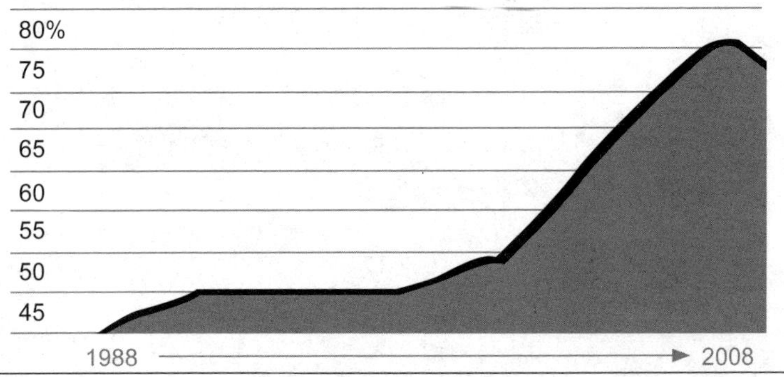

这两年，已有2 000多万美国人失去了自己的房子。由于实际收入下降，潜在的购房者又担心失业，根本不敢随便购买房屋。美国在未来几年很难恢复经济增长，房价也就不可能上升。但房价下跌和股市不同，一个季度下滑超过15%，就可称之为“雪崩”，而股市可能一周之内就能跌去那么多。看来前路漫漫，拥有自己住房的梦想难圆了，好些人不免心灰意懒，觉得生活没了指望。

其实，为何一定要拥有自己的住房，租房住有何不妥？

众所周知，纽约曼哈顿是全球最富有、最有活力的城市之一。可能很多人不知道，在曼哈顿生活的人，高达90%以上的居民，都是租房住的。曼哈顿的房价之高令人震撼，一套百万美元的公寓稀松平常。我曾在曼哈顿生活多年，一直租公寓居住。最后那几年每年租金约 3 万美元。国内好些亲友大惑不解，时常问我为何不买房，每年 3 万租金不是“白扔了”吗？当我告诉他们，在曼哈顿就是百万年薪的华尔街银行家，都是租房而住，亲友们头一个反应就是以为我在“忽悠”他们。

事实上，曼哈顿的地产税高达 3%，如果买下我所租的公寓，至少 100 万美元，每年单交地产税也要 3 万美元，再加上几百管理费，一两百水电费，根本就“得不偿失”。这也就是为何 90% 以上的曼哈顿人甚至一辈子都租房而住。宋美龄女士当年居住在中央公园边上的那套 Penthouse，价值七八千万美元，每年地产税要交 200 多万美元，就是送给你也住不起。

20 世纪初，纽约市区人口大约 800 万，现在还是 800 万，真可谓“铁打的营盘流水的兵”。每年不断有新移民进入，同时也有相当的人群离开。曼哈顿的活力就在于人口的不断流动。最近，哈佛大学一项研究结果指出，要维持一个地区的活力，租房和买房的比例在 1 比 1 时最佳。年轻人，特别是单身人士和无孩子的夫妇适合租房，只有孩子多的家庭才适合买房。住房拥有率太高的地区，其发展速度往往会下降。经济学家安德鲁·奥斯瓦尔德更明确指出，在美国和欧洲，拥有住房的比例与失业率成正比，那些拥有住房率更高的地区，失业率也更高。因为拥有住房把人们固定在了一个地区，迫使他们在当地寻找工作，无论他们是否有适当的技能，也无论这里的经济是处于繁荣还是衰退。

最近看到一则国内新闻，说南京有个年轻人，为了买房，非但要父母拿出所有存款，还逼着爷爷奶奶、外公外婆掏空所有的养老金，说是没有自己的房子就不能结婚，不结婚的话，就要断子绝孙。其实大可不必如此。我个人认为，其实在中国更没有必要买房。

1997 年，我第一次回国探亲，感受到国内最大的变化是商品房多起来了，老百姓可以拥有自己的住房了。

当年上海有几栋香港开发商建造的高层公寓，100 万元人民币左右一套，每年租金 10 万左右，10 年租金便可以买一套。这样的价格无论是买还是租，相对于那时国内普通百姓来说都是“天文数字”。没想到，这些年国内的房价更像火箭般飞涨。去年回国时，当年的豪华公寓大楼，相同的地段房价涨到了 500 万，甚至上千万。一套上千万的“总统单位”，三房两厅两卫家具电器齐全，如果按 10 年前的情况,租金也该同步增长,上百万一年也是合理的。令我吃惊的是租金居然只有 7 500 元一个月，我以为眼睛花了少看一个零，再仔细一看，的确是 7 500 元一个月，还注明长期租住可以打折！千万豪宅的租金却不到 10 万元一年，颇感意外，更耐人寻味，我真不明白为何还要买。千万元人民币即使存银行，每年至少 20 万利息，足够支付租金了。

所谓投资房地产，指的是投资土地。正常情况下，只有土地才会随着通胀率而升值。然而，在目前中国，个人是不能拥有土地的。即使买了房子，也最多只是拥有 70 年的住房使用权而已。一旦失去了对土地的拥有，房子本身就只是一堆水泥、钢筋之类的建筑材料而已，就像购买汽车，钥匙一到手立刻折旧。另外，据说国内房子的设计寿命定在30年，最多50年。也就说住满50年，房子就必须拆除了。

在国内，可能人们觉得拥有房子是身份地位的象征，并能给人带来自信以及安定的幸福感。而据沃顿商学院的经济学家格雷西的研究：在美国，在收入和人口数量不变的条件下，住房拥有者并不比租房者的幸福指数更高。他们获得自尊的程度在两种情况下也不会有什么差异。那当国人了解到在海外就算是百万富翁也会租房而住时，是否也会释然了呢。

目前，国内的房价高居不下，老百姓望房兴叹。房子不降价，一辈子都买不起，即使降价一半，大城市的老百姓还是买不起，同时还伤害高价买入者的利益。然而，房子既然是商品了，其价格最终必然由供求关系来调节。中国完全可以借鉴纽约的经验，征收高房地产税来贴补租房者，把它的增长限制在每年的通胀率内。这样的话，富人们享受了成功的快感，普通百姓也会心理平衡。虽然，是租房住，但也是居者有其屋，岂非皆大欢喜？

前几年，那个“美国老太太和中国老太太在天堂上相遇”的故事，在国内流行。大家可能只知其一，不知其二。这个故事非但忽悠了中国老百姓，也忽悠了美国老百姓。其实，200多年来，美国的房价一直很便宜，一直保持在个人平均年收入的1.6到1.8倍而已。也就是说，大家一般存四五年钱，就能买一栋房子了。记得20年前，我刚到美国克里夫兰，第一个周末，教授请我们去他的新居——市中心的一栋镇屋去聚会。那时的我，好奇又不懂规矩，冒昧地问教授那房子多少钱买的。教授太太大概想到，我初来乍到不懂规矩，就告诉我3万美元，估计还不到教授的一年工资吧。

后来，美国放松信贷，鼓励人们借钱买房。结果，低收入者都能买房，中高收入者看到房价不断上涨，便用第一栋房子抵押买第二栋，再用第二栋抵押买第三栋，恶性循环，就这样，虚拟需求大增。到06年，克里夫兰的房价涨了6倍，而个人平均收入呢，增加了一倍都不到。泡沫一破，克里夫兰到处都是法拍屋，成了这次金融危机的重灾区。显然，银行一旦放松信贷，而大家都借贷买房的话，供求关系就会扭曲，房价就会飞涨。到最后，金融危机必然来临。

其实一辈子租房又何妨?

爆破中的房地产泡沫

22. 纽约房地产的投资商机

美国房市相当低迷，大家都不看好，反倒充满了机会。人们都期望“抄底”，但真到所谓“底部”时，大量买家进入，最好的时机已经过去。

如果说纽约是“世界之都”，那么曼哈顿便是“世界之都”的灵魂，纽约证券交易所、纳斯达克、美国证交所等，几乎世界所有大金融机构和500强全都驻扎在这个小岛上。无数的富人也都寄居于此，无论商业大楼，还是居民寓所，皆可谓寸土寸金。一向号称房价“只涨不跌”，一套小小的“破旧”公寓动辄百万美元。普通百姓只能抬头仰视，即使咬牙买下来，每年单地税也得交个两三万美元，也不是一般白领能够支撑的。可是，上个月的一个周末，房产经纪一通电话，将珍妮一家平静的心给搅动了。

珍妮是我瑞信的老同事，她女儿去年考入哥伦比亚大学，老公任职哥大医学院。珍妮也在曼哈顿上班，于是，一家在曼哈顿租了一套公寓。托这次金融危机的“福”，往年至少 3 200 美元的月租金，她 2 500 美元就拿下了。一家三口平时住公寓，周末回到新泽西的大房子里，日子过得挺滋润的。不料，前几天，房产经纪来电，说是同一栋大楼里，有一套房型相同的公寓，以往至少 100 万美元，现在法拍叫价 65 万，周末“Open House”，机会千载难逢。他们心动了，于是周末一大早前去。可没想到，三年前打破头争相抢夺的公寓，他们在那儿待了一上午，居然没有第二个看房人，反倒令他们犹豫起来。那位经纪对他们说，按此状况，砍个 5 万，60 万美元也可能买下来，这在曼哈顿可是 10 年前的价格了！但人性从众，羊群心理，越是便宜，越下不了手了。

珍妮来电问我怎么看，请我帮她拿主意。她说，她家在新泽西州的房子早已供完了款，女儿又是拿着全奖读书，不用她负担，这几年存了一笔钱，退休金都陷在股市里，不想再投了，就想再买套房子吧。国内亲戚都劝她在上海老家买，但她觉得上海房价太高了，而纽约的房价还在继续下跌，到底买还是不买？我说这么大件事，只能由她自己做主，我只能给她分析一下美国的房市，仅供参考。

虽然，美国政府依然积极“救市”。2009 年 11 月 6 日，奥巴马签署了延续对“首次购房者 8 000 美元”奖励的法案。也就是说，在过去三年里未购房的民众，如果现在买房子，将得到政府 8 000

美元的税收优惠。美联储继续放松信贷，继续保持“零利率”。但官方公布的失业率已攀升至10%以上，达26年来的最高水平，特别是选择性浮动利率房贷（Option ARM）的问题，使得新一波贷款违约又将冲击全美。可见，美国房市依然不景气，尚未出现任何见底的迹象。

当时房屋贷款的浮动利率是3.25%，而Option ARM每个月只需支付1.25%的利息，5年后再将那少付的2%的利息加入本金之上，然后连本带息支付贷款。这种房贷比普通的次贷杀伤力更大，2009年9月便开始陆续到期，几乎所有持有这种房贷的人都将无力继续供款。法拍屋的数量很显然将继续大幅增加，使得美国住房价格继续向下跌，反观20世纪80年代末和20世纪90年代初的房市下跌状况，跌势至少还有一年。

不过，就在美国居民住宅依然下滑，资本市场依然低迷的情况下，上市融资的前景很不乐观，很多公司推迟或取消了上市计划之际，却有两家REITs竟然逆势而上，在纽约证券交易所挂牌上市，并获得了投资者的追捧。究其原因，不外乎有利可图。

什么是REIT？所谓REIT（Real Estate Investment Trust）是一种类似于共同基金，但投资物是不动产的投资工具，由美国国会于1960年创建，主要借不动产的证券化以及众多投资人的集资资金，使没有庞大资本的一般投资人也能参与不动产市场，并通过不动产市场的交易、租金和增值获利，同时又不需要实质性的持有不动产。

“不动产投资信托”的特点，是其信托的主要收入来自租金，而信托亦需要将未来绝大部分的盈余用作派息。因此，不动产投资信托的派息率远高于市面上一般的股票。一般来说，不动产投资信托的风险与报酬，居于股票与公债之间。由于其不动产的特性，使不动产投资信托对抗通货膨胀特别有利。

2009 年 6 月，HRPT 物业信托公司的“政府物业收入信托基金”（Government Properties Income Trust）上市，办公楼设在马萨诸塞州。该公司称，新上市的信托基金没有信用风险，因为它不是购买自己旗下的物业，而是购买从银行剥离的破产物业，价格低廉。HRPT 物业信托公司已拥有 29 个办公楼，其中 25 个已经租给了联邦政府，其余的都租给了各个州政府。它还投资了由政府所担保的物业贷款产品，回报率获得了政府的担保。

由于抵押贷款受到政府担保，上市的信托基金没有信用风险，投资者从 REIT 得到的回报率，远高于市场一般的资产。

美国商业房地产市场因受信贷紧缩和经济衰退的冲击，相比 2007 年 6 月的房价高峰，商业房地产价值将下降 40%，在某些板块最高降低了 50%。这一数据是城市土地研究所和普华会计师事务所 11 月 5 日公布的，这是大萧条以来商业地产下跌最严重的一次，超过了 20 世纪 90 年代的“储贷危机”，很有可能至 2010 年才能到达底部。

受冲击最重的当然是零售及办公楼的物业，反映在当前就业市场疲软和消费者捂紧荷包谨慎消费的事实。不过，住宅市场公寓楼的复苏就会比商业地产来得快，一旦经济起死回生，二十多岁的青年人对公寓租房市场将有很大的需求。

投资美国住房市场，特别是像曼哈顿这样的地方，相对中国的房市，是个很不错的投资机会。就像北京、上海是中国富人置业首选之地那样，纽约是全世界富人的众望所归之处，就像大家说的“刚性需求巨大”。因纽约是全球的经济、文化、娱乐和旅游中心，俨然世界之都。就在两三年前，纽约的房价还高处不胜寒，和 20 年前东京的房价一样，令人望而生畏。目前，纽约房地产的投资商机可以说是“千载难逢”，那位经纪人说得不错。由于缺乏竞争对象和信贷紧缩，因此能够标到优质和低价的房产项目，最大限度地扩大投资回报，最小限度地降低投资风险。

目前，亚洲房地产市场快速上扬，部分原因是国外资本的流入和政府刺激经济投入的巨资。这两种资金随时都可能快速消失。这也牵出了一个敏感的问题，中国房市是否正形成一个巨大的资产泡沫。即便短期内这一泡沫还未形成，投资人也有必要在这样的高价位拿出一部分资金，做一个多样化的投资组合。

在许多亚洲最大的城市，包括香港和台北，当前住宅物业的价格都大大攀升，相比 4 年前的几乎翻了一番，创历史最高水平。收益率却在下降，不到无杠杆投资基础的 3%。潜在的资产泡沫已然或正在形成。香港金融署长已采取立法措施，目的为减少和杜绝投机炒楼的现象。

如巴菲特所言 :“在大家贪婪时要恐惧，在大家恐惧时却要贪婪。”现在全世界都“看好”中国房市，热钱蜂拥而上，按巴菲特的理论应该要恐惧了。而美国房市相当低迷，大家都不看好，反倒充满了机会，“贪婪”一把的时候到了。通常，人们都期望“抄底”，但往往真到所谓“底部”时，大量买家进入，反而最好的时机已经过去。

我将这些分析洋洋洒洒地分析给了珍妮，请她自己作最后的决断吧。

23. 通胀还是通缩

> 据国际清算银行所披露的数据，2007 年，单全球各类金融衍生品的市场面值就高达 480 万亿美元，相当于 2006 年全球 GDP 总和的 10 倍，地球人人均 8 万美元。

最近金价连创新高，一度逼近每盎司 1 250 美金。原因很简单：在北美，政府继续撒钱救市。美国刚宣布，为了阻止法拍屋大量增加，房价继续下跌，政府准备在情况最糟的四个州，无偿发钱给因失业而无法继续供房贷的人士。加拿大这一年多来因为救市，利率创历史新低，使得大众无惧金融危机，人们纷纷借贷买房，令房价逆市而上，使人均负债创下 41 000 多美金的新高。欧洲因希腊率先爆发债务危机正在不断蔓延，欧盟出台了 7 500 亿欧元纾困方案。

当前金融危机远未平复，各国央行还不能加息，因此大家都觉得剧烈的通胀在即。股市已经高处不胜寒，房市依然不稳定，其他资产也几乎深陷泡沫之中。中国经济降温，对大宗商品的需求减少，价格也走跌，看来看去，似乎就剩下黄金这个最后的堡垒了。

剧烈的通胀真会来临吗？我不敢苟同。我认为，目前根本没有通货膨胀的危险，现在更应该担心的反倒是通缩！

在金融风暴之前，持续多年的通胀就是由银行不断扩大的贷款业务“创造”的。在那期间，借款人和贷款人都信心百倍，推动了借贷额持续升高，也就是所谓的流动性过剩，形成通货膨胀。金融危机发生后，银行的放贷意愿，发生了根本性变化，因此货币供应也随之发生变化。现在公司不断地裁员，令大众对前景失去信心，人们都捂紧了荷包，哪还会来通胀？

事实上，2009以来，美国人的居住开销下降了0.5%，衣服价格下降了0.4%，娱乐消费价格下降了1.1%，旅游价格下降幅度最大，达3%。最引人注目的是，食品价格下跌了0.7%，从中可见，现在市场所受的是严重通货紧缩的压力。

这些年来，华尔街利用衍生证券，如MBS、CDO、CDS等等，“创造”了天量“财富”。据国际清算银行所披露的数据，2007年，单全球各类金融衍生品的市场面值就高达480万亿美元，相当于2006年全球GDP总和的10倍，地球人人均8万美元。如果世界上真有这么多钱，不就可以世界大同，进入共产主义了？

目前，人们之所以担忧通胀，是因为各国政府都在救市，以为会好似开动了印钞机，大大增加了货币供应。根据经济学家的预测，在未来5年内，这些年来积累在账面上的虚拟财富将缩水一半，即“消失”240多万亿美金。而救市所发行的货币还不到4万亿美金，这些看似天量的货币，其实是用于填补前些年过度放贷所造成的窟窿而已，社会的有效货币供应并没有增加。事实上，在金融危机爆发之时，通货紧缩就已经来临，具体体现在物价普遍下跌，包括石油、汽车、房地产和各类消费品。

过去一年，世界各国都为这场金融危机付出了沉重的代价。我们应该认识到，经济的发展欲速则不达。由人为的过度放松信贷来刺激经济，造成房市股市猛涨的荣景，就好似海市蜃楼，经济危机迟早会来临。一旦经济危机来临，又期望人为地缩短危机的过程，即不惜巨额赤字刺激经济，甚至想跳过必经的通缩期，那更是徒劳的，甚至会导致更严重的经济危机。

投资专家 Ian Gordon 曾提出过一个著名的 Kondratieff 理论，他认为，投资有一个长周期，大约 60 年，这个周期大体可分成春夏秋冬四个季节，每个季节持续 13 到 17 年，并周而复始地循环。

“春季”时，因为总体经济的增长，股票的表现特别好。而后进入“夏季”，由于通胀带动，投资出现膨胀，诸如艺术品、金银以及原材料的回报都不错。随即是“秋季”，这 15 年房市的表现格外突出，股市和房市达到前三季积累的极度高位，随后骤然掉头朝下，进入了漫长的熊市。如果这个理论准确，目前全球经济已进入了“冬季”，这次熊市很可能将持续到 2020 年，目前严冬才刚开始。

其实，经济的通胀和通缩，就像月圆月缺和潮涨潮落那么自然。人为的调控只能舒缓一时，而潮涨过度便会形成海啸水灾，只有顺其自然才是天道，日本 20 年的停滞，就是前车之鉴。20 年前，日本在高速发展之后泡沫破灭，之后虽一直零利息，可依然一直通缩了20年至今，只是在抵消过去的通胀而已。而据众多经济学家分析，中国这些年的发展和目前的经济状况，和当年的日本有很多相似之处。由于流动性的巨大过剩，各种资产都在泡沫之中。一旦紧缩信贷，回收流动性，将使得经济降温。必然引发原材料价格的下跌，而各种商品的价格都将随之下跌，那就是通缩了。

最新数据显示，2010年4月，西班牙出现了历史上首次通货紧缩！这发出了一个非常强烈的信号，通缩正在全球蔓延。

我的结论：因为全球总体经济将进入一个全面通缩的严冬，Cash is the King at this time！守住的现金将会升值，这就是最好的投资。

24. 通缩和失业率形影相随

自 2007 年底以来，我隔三岔五地听到周围朋友被裁，起先还比较震撼，有兔死狐悲之感，但听多了竟有些“麻木”起来。

大炜是麻省理工的电子工程博士，在硅谷前后工作了 15 年，是无线通信（Wireless Communication）的专家，掌握着核心技术。以往，像大炜这样的技术专才，到哪都是香饽饽。3 年前，大炜跳槽到了 Research In Motion〔简称 RIM——最顶尖的无线通信公司，主要产品有 BlackBerry（黑霉手机)〕担任研究室主任，这绝对是个金领职位，正常情况下，只要自己不走，做到退休绝没有问题。

说震撼是因为同一天，数十家高科技公司包括 RIM、Sprint、微软和 SunGard 同步裁员，幅度高达 15%，被裁的全是大炜这样的资深科研人员。由此可见裁员行动已然从金融领域蔓延到高科技行业，甚至已深入到高科技行业的心脏——科研室，因为大炜领导的整个研究室都撤了。

挂断大炜的电话，近来财经媒体最担忧的——“通货膨胀”威胁论袭上心头。就在 2009 年 11 月，美国财政部决定增发抵御通胀的债券，因为，美国有些经济学家担忧物价上涨，引起此类债券需求量增加。目前，人们之所以担忧通胀，是因为美国政府天量的救助金大大增加了货币供应。

让我们先弄清通胀究竟是如何产生的吧。

在银行做过的人都知道，银行通过贷款就能“创造”货币。举例来说，假设银行给甲客户房贷 100 万，那么该客户账上就被记入 100 万。因为这 100 万还是存在银行的账上；于是，银行就可以把这笔贷款作为甲客户的存款再次贷给乙客户，乙客户也获得房贷 100 万，但是这笔钱仍然存在银行里没动，因此银行可以继续放贷。在这个过程中，银行每贷一次款，就同时创造了一笔等额存款，也就创造了一笔等额的货币。就整个银行系统来说，就这样可以在其准备金和存款基础上无限制地贷款。

当然，美联储实行的是存款准备金率制度。也就是说如果存款准备金率为 10%，那么每 100 万存款，银行就只能够贷出 90 万，剩下 10 万得留作准备金，这使得银行创造货币的能力受到些许的限制。但在格林斯潘担任美联储主席那些年，他将准备金率变成了零，实际上赋予了银行无限制地创造货币的能力。

由于放松信贷关系，使真正的供求关系遭到严重的扭曲。比如，原本年收入 10 万的家庭只供得起 50 万的房子，但在低利率房贷的支撑下，“变”得能够支付七八十万，甚至百万的房子。本来要存几年钱才能被买走的宝马奔驰，只要向银行一贷款，立刻可以在高速公路上奔驰起来，通胀就这样炼成了。前些年，借款人和贷款人全都信心百倍，因而推动了借贷额持续升高，也就是所谓的流动性过剩，形成通货膨胀。

这看似是一笔皆大欢喜的买卖，银行赚利息，老百姓则可以“用明天的钱圆今天的梦”，先享受起来。但“出来混总是要还的”，一旦到达某个点，泡沫会突然被刺破，这种游戏就玩不下去了。银行贷款就像一根铁链，环环相扣。一旦像大炜那样的失业，贷款人丧失了还贷能力，那根铁链的一环就断了，银行的账上便出现了个窟窿。进而随着失业率的上升,越来越多的贷款人无法还贷，使得窟窿越来越大。当银行本身的偿还能力出了问题，就再也没有其他金融机构跟它打交道了，于是便出现像雷曼兄弟、贝尔斯通的一夜破产。而整个金融系统就像一个人血液停止了流动，金融危机便产生了。

前段时间，美国政府发行上亿货币紧急救市。其实，这看似天量的货币，只是用于填补前些年过度放贷所造成的窟窿而已，社会的有效货币供应并没有增加。事实上，迄今为止，美国共有120家银行倒闭，其中包括了美国最大的商业银行CIT。

现在公司不断地裁员，连大炜这样的高级专才都下岗了，令大众对前景失去信心，人们都捂紧了荷包，更不会去借贷消费。而随着失业率上升，新的贷款坏账的积蓄增加，将会有更多的银行倒闭,银行的贷款量将更加缩小，于是通货紧缩就会越来越表面化。

事实上，在金融危机爆发之时，通货紧缩已经来临，物价普遍下跌,包括房产、汽车和各类消费品。目前,“Cash is the King”（现金为王)，当百物都跌价时，同样的现金将买到更多的东西。而且，这一次通缩是全球性的。数据显示欧元区从2009年5月开始进入通缩，2009年7月的通缩率是0.7%，创下欧元区成立以来的纪录。加拿大也已经连续两个季度进入了通缩。譬如，餐饮业就出现了结构性的通缩现象。2009年的一个下午，我去餐馆就餐，经理介绍说菜单将作第二次降价，希望我能多多光顾。这种结构性的通缩，受益者通常是消费者。竞争导致价格持续性下降，有些餐馆经营不下去，就不得不降价，甚至退出竞争。

2009年世界各国都为这场金融危机付出了沉重的代价，我们应该认识到，经济的发展，欲速则不达。人为过度放松信贷刺激出来的经济繁荣，造成房市股市猛涨的荣景，就好似海市蜃楼。金融危机迟早来临，危机来临时，又人为地缩短其过程，不惜巨额赤字刺激经济，甚至想跳过必经的通缩期，那更是徒劳的。

目前的经济学界，可能是因为害怕引起恐慌，有意回避“通缩”这两个字眼。事实上，在特定情况下，其实适度的通缩是件好事，尤其在经济复苏的当口，能使得供求关系渐渐趋于合理，对企业加快固定资产投资、发展生产都是有好处的。

25. 美国也现“啃老族”

目前，美国的失业率已攀升至26年来最高点。受影响最大的是35岁以下的年轻人，据最新的统计数据，有超过41%的年轻人说他们没有任何保障。

在北美，孩子就像鸟儿一般，一到18岁就迫不及待要飞离父母的家，不希望再受父母约束。特别是大学毕业后，孩子跟父母基本上就是两个独立体。如果结了婚的孩子依然与父母生活在一个屋檐下，那简直是一件怪异的事。电影 *Mother*（《母亲》，1996）讲的就是这么一个故事：

在单亲家庭长大的约翰·汉德森是个著名的科幻小说家，但是他与女性的关系总是相处不好，无论是工作中的女性同事，还是女朋友，甚至还有两段失败的婚姻。他将此归结为与母亲别扭的关系。带着这多年的心结，他决定回到母亲的家，跟母亲相处一段日子，以便打开母子之间的心锁。

影片中最好笑的部分，是每当母子外出时，他母亲逢

人便要解释一番 :“我儿子是来度假的，他在我这儿只是小住数日而已。”当然啦，故事的主人公经济上是独立的，他回母亲的家有其特殊的原因。这一年来的金融海啸，却迫使许多失业的年轻人搬回父母家，屈居在“他人”的屋檐之下。

我朋友老王的孩子小王，3 年前大学一毕业就进了美林，已经荣升至交易员助手的职位，真称得上春风得意。一个人住在曼哈顿的豪华公寓里，每月房租 3 000 多美元，按老王的说法，“外出哪怕只有几条街，也不吝打个的什么的，派头大着呢”。

没想到小王跟随的那位交易员去年底因为做空，失算了。今年上半年，股市上升，他大亏，使投资人亏掉 1 个多亿，被美林炒了鱿鱼。小王也因此受牵连被裁员。这下惨了，小王一连发了几百份履历，面谈了 20 多次，找了 6 个月，还没找到合适的工作，失业金又不够生活费。老王不忍心，幸好家里房子够大，小王的房间原封未动，便热情洋溢地“请”小王搬回了家。

想当年小王搬出去时，老两口进入了“空巢期”，老王的太太一时不习惯，常常一把鼻涕一把眼泪，老王也突然感觉空落落的。现在正好，趁此机会，全家来个大团圆。

这小王倒也不白吃白住，一天晚饭过后，他拎着一个大纸袋来到厨房，对正在洗碗的老王说 :“Daddy，你穿得实在太土了，看我给你买了什么？”老王闻声朝儿子摊开的衣物望过去，全是平常逛商店只敢看而不敢买的名牌服装，心痛得顿时大叫："啊呀，我现在的衣服这辈子都穿不完，你……"他本想说你老爸之所以还能养你，都是节约省出来的，裤子从不穿超过30美元的，衣服决不买过50美元的。但他看着儿子一脸的善意，下面的话只好忍住不说了。

也难怪小王大手大脚，有工作那几年，奖金一拿就是三五万，甚至上十万，哪里在乎几百上千的服装费。可是这次给老王的圣诞节礼物，小王是刷卡的，最后不还得老王掏腰包来还？

目前，美国的失业率已攀升至26年来最高点。受影响最大的是35岁以下的年轻人，据最新的统计数据，有超过41%的年轻人说他们没有任何保障。今年好些商业金融学院的毕业生找不到工作，他们只能继续跟父母住在一起。即使幸运找到工作的，也因为薪水偏低，以至于十个人当中，就有七个说没有足够应付两个月基本开支的存款，差不多1/4的年轻人说他们连每个月基本开支也应付不来。越来越多的人不得不继续留在父母家，或者像小王搬回到父母家里。

金融危机迫使美国年轻人不得不向现实低头，沦为啃老一族，不然的话，就只有沦落街头了。

26. 房价会跌多少

在美国，用房价除以月房租，如果在160倍以下，那就是合理的房价。而目前的中国，因为不用交房产税，最合适的比例应在200倍上下。

近几年，国内房价一路上涨，特别是一线城市，像北京上海，房价好似脱了缰的野马一般。2006年底，回国时，按照国际通用的房价收入比和房价房租比计算了一下，我发现那时北京上海的房价就已经超过合理比例了。回来后，我写了好几篇文章，介绍了国际的那些计算房价的合理比值，劝诫国内的读者，最好不要追高。

也就是从那时开始，每次和国内亲友电话聊天，房子越来越成为我们的中心话题。每次他们都反问我："你不是说国内的房价已经高得不合理，已经有泡沫了吗？那怎么房价还在涨呢？看来你那套'理论'不合适中国。"

每次，我都得解释，其实有没有泡沫和何时调整是两码事。耶鲁大学教授希勒曾准确预测了美国网络股泡沫的破灭。可他第一次提出网络股的泡沫，是在1996年，离真正破灭还有5年之久。

而就在这 5 年间，网络股的指数又涨了 150%！

最近我回国，又在北京上海零距离领教了中国房价，真不能用“贵”来形容了，那是“超贵”了，超过了纽约的平均房价！同时，我发现北京上海的亲友们（包括幼儿园小学中学大学的同学们），要么没房子，要么就有好几套。对于那些有钱的人来说，他们都说房价还不算贵，那是“刚性需求”的结果，房地产又是中国支柱产业，房价肯定不会跌。对那些普通工薪族来说，如果没有房子的，哪怕降一半价格，他们还是照样买不起，也都快断了买房子的念想。很显然，在国内一线城市，房市基本是富人们的游戏，早就不能简单用是否有泡沫来说事了。

事情往往这样，当绝大多数人都说房价不会跌的时候，政府突然使出一系列撒手锏，令人震惊！更有消息灵通人士透露，北京或许在 6 月 30 日前要开征地产税。如果该政策出台，那就意味着中国的房地产调控政策，比想象的要严厉得多。

转瞬之间，从坚信房价绝对不会降，到大家都在预测降多少，并且都分析得有条有理，各种下降百分比都有：从 5% 的微调，一直到 50% 的折腰！昨晚，我上海的一个表弟来电话，他要求我也来凑个热闹，“算算”北京上海的房价能跌多少。

这可真把我难住了。虽然，国内的房价好像快跌了，可跌多少，我真说不准。我对北美的房市有过研究，先谈谈美国的情况。就拿美国当作中国的一面镜子吧。

其实，美国从英国的殖民地到独立，直至 1971 年的三百年间，房价一直维持在平均家庭年收入的1.6到1.8倍。普通家庭一般不用借贷，只需存几年钱，就能买下一栋属于自己的房子。

然而，到了1971年，美元与黄金脱钩了。理论上说，美国可以无限制地印钞票。政府作为监管功能的角色开始丧失。解禁放松金融管制的国策始于里根政府，并伴以恢复自由市场的口号，被称为里根“革命”。这一“革命”又被布什和克林顿政府进一步推向高潮。金融机构知道发大财的机会到了，他们一改严格审批贷款的政策，忽悠百姓借贷买房。“用明天的钱圆今天的梦”的口号开始出现。于是，从1971年开始，美国房价的上升逐渐超过了收入的上升，从1.6倍，一路上升到3倍、4倍、5倍、6倍。

随着金融危机的深化，美国房价一路下跌，许多地方已经跌去了50%，可依然还在“跌跌”不休。在这金融危机中，无数美国人的“今天的梦”在明天醒来时，看到的居然是残垣破壁——房子被银行收去拍卖。

如果大家都不靠借贷，那么房价的涨跌就只能随着收入的涨跌上下起伏，反映的是合理的供求关系，就像房租那样。比如上海，这10年来平均房价上升了4倍，而房租的上升连一倍都不到，显然房租和收入的增长成相应的比例。这是因为租金不能借贷，必须支付现金，租金所反映的是真实的供求关系。

房市和股市不完全相同，但也有相似之处。一旦投机者退出，房价跌起来也是非常可怕的，不仅会渐渐地跌，也会像自由落体一般，一路下跌，直至回归合理价位——也就是最权威的房价与房租之比。在美国，用房价除以月房租，如果在160倍以下，那就是合理的房价。目前的中国，因为不用交房产税，最合适的比例应在200倍上下。中国那位打工皇帝唐俊，就是用这个尺度来计算的。因为房价与房租之比远远高于200倍，所以唐俊一直租住高级公寓，很显然租比买划算。

写到这儿，北京上海的房价一旦下跌，可能会跌多少，大家心里应该有一把尺度了。最后提一下，当年日本东京房价大跌，最高地区的跌幅高达90%；而当年香港房价下跌时，有几个区曾经跌去了70%。

27. 收走经济盛宴的酒杯

央行上调准备金率说明什么？说明央行强烈希望降温经济，给过热的房市发出了信号，是政府决心收紧银根，防止通胀的具体措施。

2010年1月12日，中国央行突然宣布上调0.5%的存款准备金率。其实，央行上调准备金率的“风声”相传已久，但没料到会这么快。人们普遍认为，春节过后两个月左右央行才会调整准备金率，此次的调整显得较为突然。

这说明什么呢？很显然，这是冲着过热的房市。2009年房价井喷式的增长，带动了经济复苏，避免了金融危机，效果比预期好，而最近的出口表现也非常不俗。此时，央行这个举动印证了美联储前主席威廉·马丁（William Martin）说过的一句名言：“The Federal Reserve's job is to take away the punch bowl just when the party gets going.”（“美联储的职责应是在欢宴刚开始喧嚣的时候把酒杯拿走”），看来中国央行这会儿已经在开始收“酒杯”了。说明央行强烈希望降温经济，给过热的房市发出了信号，是政府决心收紧银根，防止通胀的具体措施。

如果房市再热下去，非但通胀会出现，更将会伤及中国的整体经济。这是有多次前车之鉴的：美国靠房地产拉动经济，结果引发 1989 年和 2007 年的两次崩盘；经济强国日本靠房地产拉动经济，20 世纪 80 年代末创下整个东京的楼价可以买下美国的神话，但一夜之间房价垂直下跌，使日本经济整整萎靡了 20 年，至今依然萎靡不振；曾经的新兴市场南美、东南亚、中国香港和泰国，到最近的迪拜都演出过相同的戏码。

惯性使然，目前过热的房市就像马力十足的跑车，单靠央行这一举措，短时间内就想刹车的可能性并不大，还将有很长一段时间的观望期。在当下，人们的心理影响显然超过实际的影响，会在市场上产生观望情绪，使很多不敢轻易踏足房市的投资者，至少是短线的炒家会有所收敛。

特别值得关注的现象是中国央行的这一举措，立刻对国际股市产生影响，国际股市纷纷应声下挫。金价也应声下跌 21 美元，跌至 1,128.90 美元 / 盎司的近期低点；国际原油跌破了 80 美元 / 桶。

那么为何中国经济降温会导致国际股市、黄金和石油价格的下跌呢？首先，目前中国是全球最大的大宗商品进口国，一旦经济开始降温，自然对大宗商品如石油、钢铁和各类其他资源等需求将下降，所有与这类资源供应的公司股价自然下跌；其次，这一年来黄金价格飙涨，是因应美元的贬值和通胀的预期。目前，全球最有可能发生通胀，又是大经济体的国家就只有中国。一旦中国控制了通胀，黄金价格的上涨便失去了一半的理由。而油价是用美元结算的，一旦控制住通胀，便会间接地稳定人民币汇价。由于目前人民币与美元直接挂钩，也就间接地导致美元趋于稳定，这就是消除金价上涨的另一大理由，并稳定了油价。

我想，如果中国经济过热的“欢宴”继续“喧嚣”的话，那么央行就要收“酒杯”了。如果降温的效果不明显的话，接下来央行很可能会学当年的格林斯潘，不断地连续加息。无论如何，目前宽松的货币政策将告一段落，这已达成了共识。

现在留给市场的一个疑问，就是中国会不会“提前”让人民币升值。之前市场普遍预期，人民币再度升值将出现于今年下半年。但由于 2009 年 12 月的出口数据异常强劲，加上本次的调整存款准备金率，许多经济学家预计央行可能更早开始人民币的升值进程。我个人认为，在房地产热消退之前，人民币升值的可能性不大。央行既然表明姿态要经济降温，首先，必须靠出口来替代房地产对经济的支撑，人民币升值将对出口业造成不利的影响；其次，中国房地产热中有一个很大的原因，是国际热钱预期人民币升值，而一旦这个预期成真，那就会刺激更多的热钱进入，那么央行对房地产降温的其他举措岂非白费了吗？即使升值，最多也就微幅上调一两个百分点。

顺便看一下全球其他央行的动作。

2008 年，美国的兄弟加拿大在美国金融海啸之际，眼看着危机已经殃及池鱼，房市下跌，失业率大幅上升，便立刻开始大幅度降低短期借贷利率，一直降至历史的最低位。于是，原来只能买得起30万房子的人，由于超低的浮动利率，突然能够“买得起”50万的房子了。于是，就像急症病人打了强心剂一般，加拿大的房市去年下半年开始止跌回升。最近，可能加拿大央行似乎突然领悟到，这不恰恰就是造成美国金融危机的原因吗？目前加拿大的经济只是和一个虚胖的病人一般。于是在上月宣布，不久就将升息，告诫百姓去银行贷款买房时，千万别忘记目前的超低利率是无法锁定的，而一旦升息，每月的供款额就将大幅上升。此话一出，立刻对加拿大的房市泼了一桶冷水。

在美国，尽管去年股市大好，华尔街的薪酬又创了历史新高，但实体经济依然一蹶不振，毫无起色。美联储也清楚知道，再也不能继续大量注入资金了，并已决定在必要时收回之前注入系统的大量资金，否则就是在酝酿下一个金融危机。

这两年，日本由于美元贬值将20年来止步不前的经济进一步拖下水。最近，日本央行有意继续加大救市力度，可能会以日元贬值、加大政府开支来刺激经济。

多国的央行，也许都在考虑是否或何时收“酒杯”了吧。

归根到底，“上帝的归上帝，凯萨的归凯萨”，各国央行的任何措施，都只是对经济的短期调节而已。金融危机最后还是得靠市场这只看不见的手解决。

从中国央行调整准备金率的事件可以看到，中国的经济能量不可小觑。想当年美联储格老一说话，全球倾听。现在中国央行一有动静，全球也都随之颤动了。

28. 被转移给贷款者的信贷风险

原来银行还不会随便拍卖，因为卖得越低，房价越跌，银行的损失就越大。现在没有这层顾忌，有多少拍卖多少，反正亏的钱就由贷款人偿付！

在北美，过去听说过，因为欠地税被政府告上法庭的，也听说过，因为还不出贷款被银行收回房产的，但很少听说为了不还贷款，而故意让银行收走房子的。可这几年，这种“战略性违约”，已然成了美国房奴弃房逃跑的一种趋势，令美国财政部慌了神。不料，我太太小玲昔日的同学阿丽，就成了企图弃房逃跑的房奴。

在疯狂购房潮的年月里，放款银行和贷款机构往往花言巧语，让买房人多多借钱变成房奴。他们的理论依据是：房子只会朝上涨，永远不会跌。如果丢了工作没钱供房子？怎么可能，到时候房子都涨了几万、几十万，拿到市场上一卖，钱就来了。怕浮动利息上扬月供增加？我们可以在利率上升之前让你 Refinance（重新融资，算出新的月供计划），肯定没问题！

阿丽就是在放贷银行的蛊惑下，靠一份会计工作的月薪，独自一人做起了房奴，她省吃俭用月月准时支付房贷。但是，次贷危机爆发之后，一批一批法拍屋上市拍卖，连带着她的房子也跟着掉价，最近她得知，她的公寓“Underwater”（缩水）了，也就是说哪怕她卖掉公寓，还不够还银行的房贷。她计算过，在她周围租一套同样的公寓，比每个月向银行上交的按揭房贷更便宜，一个月可以存上1 000美元，十多年下来没准可以省下一套房子钱。于是，阿丽从旁人那儿打听到做“逃跑房奴”的方法：与放贷银行达成协议，按每10万美元的贷款，交纳800美元的“完结手续费”，便可以当个成功的“逃跑房奴”。

但阿丽却没这么“幸运”，她那套公寓是2006年花50万美元贷款买下的。她没有注意到贷款文件里有一个附加条款，即使银行收回房子拿到市场去法拍，不足部分还是必须由借款人偿还。什么意思呢？就是说，当时，阿丽花50万美元买的公寓，现在跌到了30万，扣去首期5万，还欠银行15万美元。原本法拍之后由银行自负的15万美元亏损，被转移到了阿丽身上。

不还房贷，故意将房子扔给银行，便能一走了之？错！至少，2007年以后就别想了！即使房子被法拍，欠银行多少就得还多少！

从阿丽想当“逃跑房奴”的故事，联想到2009年底美国发表的一组震撼人心的数据，大约有1/4的美国房主在缩水。美国抵押贷款银行家协会透露，这样的家庭到2010年底，将达到2 100万户，只要有1/5的家庭放弃供款，不但银行及投资者将损失超过4 000亿美元，房价也会因此继续朝下跌。因此，故意选择“战略性违约”的房主，被贴上了不道德的标签。虽然“房奴弃房”行为不可取，但银行借贷者昧着良心随意放贷并收费，“创造”最大化的利润，领取高额薪水和奖金。一旦百姓无力归还房贷，金融机构的坏资产便堆积如山，造成金融海啸后，必须用纳税人的钱去救市。这里就牵扯到“Moral Hazard”（道德风险——由于投保人可能不可靠所冒的风险的专用术语）。

“道德风险”一词原先是用在保险业的。房主购买了房子后，同时也向保险公司购买火灾保险，假如哪一天房子发生灾难性火灾，可以向保险公司索取房屋的全额赔偿。值得注意的是，如果发生火灾时，条件发生了变化，所保险的房子已经低于市场价格，也就是说房子跌价了，而保险公司却要支付比房价高的保险赔偿，这就产生了道德风险。这一术语后来被广泛地使用在各个领域。目前银行放贷也产生了道德风险。

大家对莎士比亚的剧作《威尼斯商人》并不陌生。15世纪的威尼斯有一位正直的商人安东尼奥，与高利贷犹太商人夏洛克对立。某日，安东尼奥为了成全好友的婚事向夏洛克借债。由于安东尼奥借钱给人从不收取利息，这就挡住了夏洛克的财路。为了报复，夏洛克也佯装不收利息，

> 但若逾期不还，就要割下安东尼奥身上的一磅肉，目的是置安东尼奥于死地。不巧安东尼奥的商船失事，资金周转不灵无力偿还贷款，被夏洛克告上法庭。当然，在莎翁的笔下，夏洛克的阴谋破败了，最后搬起石头砸了自己的脚，因此而失去全部的财产。

尽管莎翁憎恨高利贷商人，但放贷要有抵押物历来如此，并受法律保护。放债人通常会给借款人设置用款的限制，借款人有时也不得不将自己大量的金钱放在同一个用途中，为的是给放债人一个很好的理由——避免亏损。但有时放贷人似乎忘记了这些借贷原则借出大量的资金（比如次贷）。这些放款规则遭破坏的重要原因，就是道德风险的游戏在作怪：现在是纳税人，而不是银行担负放贷亏损。“房奴弃房”行为，更体现了整个社会道德风险已到了无可救药的边缘了。

从阿丽的事情看，美国的房价不仅将进一步下跌，而且将加速下跌。因为，原来银行在吃进大量的法拍屋后，还不会随便拍卖，因为卖得越低，房价越跌，银行的损失就越大。现在没有这层顾忌，不在乎了，有多少拍卖多少，反正亏的钱就由贷款人来偿付！

Only

Socialism Could Save America

第三章

“是我摧垮了经济！”

这种游戏看似合法，却是 Perfect Crime（完美的犯罪），为我们揭示了为何华尔街能攫取常人无法想象的利润，把别人口袋里的钱玩到他们的腰包里。

“谁搞垮了经济”

29. 股市上演惊悚片

2009年，在全球经济都不看好之际，股市能照样上升，使普通散户又“错过”丰收机会；在散户相继进场之后，股市却演出了这样的惊悚戏码。

这一年多来，我有幸参与了一个大项目的开发和管理，这是个耗费巨资“打造”的全新证券交易监控系统。这个系统从每天全球上亿笔交易中，将那些疑似有问题的交易如洗钱交易、内部交易等，自动生成成千上万个Alert（警报）送交监管部门审查，同时送交加拿大证监会备案，监控着全球各地几百个大小交易系统中和加拿大相关的证券交易。

2010年5月6日下午2点45分，我正和纽约的朋友基隆通电话。基隆是我在瑞信时的老同事，他目前在彭博社负责一个股票交易系统的Support，而这个系统也在“我”的监控之中。所以我们时常通话，除了“业务往来”以外，还顺便交流对股市的看法。

这几个月来，美国股市一路上扬，道指一度突破11 700点，从这次危机时的最低点上涨了六七十个百分点，而距离历史最高点不过 16% 之遥。难道说这次金融危机就这么过去啦？美国实体经济并没有真实好转，失业率依然很高，房市也依然“跌跌不休”，可美国股市却逆市而上，华尔街照样赚得钵满盆溢，显得异常“诡异”。特别是最近，欧洲“Piigs”（“笨猪五国”，葡萄牙、爱尔兰、冰岛、希腊和西班牙的简称）东窗事发，由于债台高筑——接近破产，大家都在忧虑是否会引发欧元区更大规模的主权债务违约，进而冲击欧元，使得欧洲乃至全球再次陷入金融危机。众所周知，股市向来应该是经济的晴雨表，眼下的美国股指是否高处不胜寒了呢？

真是“Speak of the Devil”（说曹操曹操到），越是担忧的事情就越是发生了。我和基隆正谈得兴起，只听他突然大叫：“不对啦！道指怎么回事？”我猛然抬头盯着墙上的电视屏幕，只见道指像急剧融化的冰川那样一路下滑，而且是“垂直向下”！不可能吧，难道是股市系统被黑客侵入，还是美国遭恐怖袭击了？

基隆说了声：“出事了！不能再聊了。”便挂了电话。

我待在那儿大脑一片混乱，并飞速旋转，不禁想起类似的情况曾出现过一次。那次是 S&P500（标准普尔 500 指数）在 10 分钟之内突然飙升 20%，令股市大乱。不过，立刻发现是当时刚刚兴起的电脑程序交易（Programming Trading）系统闯的祸。那时有多个类似系统使用类似的交易模式，当股价一旦涨至（或跌至）某一个点，便会引发系统同时买入（卖出），于是进入死循环，越买价格越升，越升系统就越买（或越卖价格越跌，越跌越卖），就只有立刻停止这些系统的运作，并将那 10 分钟内所有的交易全部作废。这几年，由于电脑交易系统中设置了更多、更严密的条件后，已非常成熟，应该不会再出类似的问题。

十几分钟后，股市继续下跌，道指跌破了万点，直到 9 869.62 才止跌，与当日最高点 10 879.76 相差千点有余！随即又一路上升了 600 多点，道指显现了一个异常罕见的小角度“V”字图形。

这时各种新闻都出来了。最早说是花旗一个交易员的“Fat Finger”，将卖出百万股的 m，揿错了 b，变为 10 亿了，从而引发股市多米诺骨牌效应。这可能吗？我做过多年的交易系统，这种情况十年前都不可能发生。果然，第二天一早这个传言就被否定。

接下来什么说法都有了。有的说是华尔街的阴谋，是想给奥巴马政府一点“Color see see”，谁让他和华尔街过不去要加强监管。但这显然不能自圆其说。当天晚上，美国总统奥巴马说这是“不寻常的市场活动”，立刻组织了一个 50 人的调查小组，要求彻查这次事故的真正起因，并表示监管机构正研究方法保护投资者，以避免离奇大跌市再次重演。很显然，经过这次“股灾”后，金融改革的呼声将会更强，政府监管华尔街的力度会更强。

新闻网站 Politico 指出：“美国证券交易委员会和期货交易委员会的官员，正追查芝加哥一系列标准普尔期货的巨额交易。调查人员称，纽约的电脑自动化交易系统发现了芝加哥的一系列交易后，立刻下达连串沽盘，导致了沽压如雪球般越滚越大。”另有一名资深投资经理则表示，“可能因日圆兑欧元和美元先后急升，触发了大量电脑程序沽盘。”总之，从交易本身来看，是因为几个指数同时触动了自动交易系统的开关，使电脑系统开始自动出货，在多数电脑系统同时自动出货的时候，越拥挤就越恐慌，从而使整个系统出现混乱。

上述这些技术分析，都是指向电脑程序交易，是出了问题之后的各种反应和猜测，真正触发这种连锁反应的祸首究竟是什么呢？这场戏的背后一定有更深层的原因。为何在 2008 年，道指将要跌破 4 000 点的消息不胫而走，搞得普通散户心神不宁，最后只能忍痛割肉接受财富大幅缩水；在 2009 年，全球经济都不看好之际，股市却能照样上升，使普通散户又“错过”丰收机会；而又在散户相继进场之后，股市却演出了这样的惊悚戏码。

我突然想到，这场戏不正可以试一下我们这个监控系统的功能吗？第二天，输入我们系统的交易量倒的确比平时多了许多，但疑似问题的交易并没有多多少。我仔细查了一下，发现被 Cancel（取消）的交易比平时多了几倍，而取消的交易是不被监控的。看来真是道高一尺魔高一丈啊。

不管最后调查出来的结果如何，有一点是肯定的，在这场游戏中，肯定有人大赚，也肯定有人大亏，而且吃亏的肯定多半是普通百姓。

我希望股市能再次回到经济基本面的轨道上，真正成为经济的晴雨表；希望股市能有一天不再是华尔街金融大鳄们的提款机；希望广大普通股民不再被他们玩弄于手掌之中！但估计这些希望离现实非常遥远，目前来看只能是幻想而已。

30. “是我摧垮了经济！”

华尔街大多数的对冲基金回报率都很高，大约30%，钱是怎么赚来的？是通过做局向记者发放假消息，如果普通投资者盲从跟进，那就倒大霉了。

买股票？我们华尔街人怎么能用自己的钱去买股票，你没有听说过 OPM ？我们只玩 Other People's Money ！这是我给你最值钱的一个忠告。切记，切记!

前几天一大早，进办公室之前，在过道上习惯地看了一眼墙上的电视。正在播放 CNN 财经台的 Breaking News，正在专访一个老头，我瞄了一下标题 ：“I broke the Economy!”（是我摧垮了经济！）一开始我还以为 Countrywide 或“两房”的前 CEO 在忏悔，再定神一看，是《财富》的专栏作家 Stanley Bing，他的文风以幽默风趣见长。不过，怎么可能是他摧垮了经济呢？于是，我站定下来听他细说。

他正儿八经地数落道 ：“我这儿有一份今年涨幅最大的 10 只股票名单，很可惜，我没有拥有任何一只。这绝不是巧合，只要我一买这些股票，他们就跌。好吧，那我就买指数，等我一买指数，指数也跌了。你看，本来好好儿的房市，两年前，我刚在曼哈顿买了一套公寓，房价就开始下跌了。”

我哈哈大笑，不禁想起了我的哥们儿项羽（与“霸王”同名同姓）。他炒股多年，有天很神秘地告诉我说，不知道为什么，真是邪门儿，任何一只股票，我没有买的时候，它一个劲儿地涨，我一买，它就立马下跌。你看Google股票，从100元起价，我嫌它贵，可它一路涨到300元，我买了10股，没想到第二天就跌回250元。当我忍不住220元刚卖掉，它又开始回升，到了400元时我又买了10股，可没几天又跌回250元，一气之下我全卖掉了，可随即便疯涨到700元，听分析师们说，这是一只至少大涨到1 000美元的股票，我不信邪，一咬牙又买了10股。可是等我刚买下的当口，它掉头一路下滑，当天就下跌到500元，这次我不卖了，干脆做股东，目前它一直徘徊在300-400元之间，现在我老婆称我为“股神”了。

记得刚进华尔街时，我的部门大老板Mike请我们几个新人到一家法国餐厅撮一顿。这位Mike是犹太人，华尔街有名的金牌财经分析师，常上电视帮大伙儿选股票。能和大腕儿零距离接触，自然不能放过机会，大家连连发问，询问投资技巧。Mike允许每个人提一个问题。我正为401K不知投资在哪儿而犯愁，逮住这个机会便问他用退休金买什么股票好。

没想到他回答我：“我的退休金只买Fix-income（固定

收益债券)，而且都是政府担保的。买股票？我们华尔街人怎么能用自己的钱去买股票，你没有听说过‘OPM’？我们只玩 Other People’s Money！这是我给你最值钱的一个忠告。切记，切记！”

这话我一直牢记心中。可是，在点 COM 疯狂时，我实在经不起诱惑下海玩了几把，结果以亏损 5 万美元而告终，这才真正明白 Mike 这句话的价值。

2007 年底从纽约回多伦多，临行前朋友们为我饯行。我这帮哥们儿不是博士就是硕士，好几位也是华尔街“高手”，几乎都在股市中扑腾了十几年，平时说起股票经来都侃侃而谈，指点江山，个个吹嘘自己眼光如何准，买什么赚什么。这次大伙喝高了，酒后吐真言，结果没有一个人从股市中赚到钱，最多的亏 50%，至少亏 20%，有一个老兄涨红了脸，支支吾吾说打了个平手。

对于“霸王”的描述，和我那帮朋友的酒后真言，我一点都不吃惊。当今世界世风日下，信息绝对不对称，散户跟“庄家”玩，肯定会输得很惨。

华尔街向来都是玩别人口袋里的钱，怎么可能让普通投资者从“恶虎嘴里拔牙”？华尔街大多数的对冲基金回报率都很高，大约 30%，钱是怎么赚来的？是通过做局向记者发放假消息，普通投资者如果盲从跟进，那就倒大霉了。这些对冲基金所赚的钱就是你的亏损，因为在一定的时间内，社会总资产就这么多，钱不进你的腰包，就进他的腰包，谁掌控的资源多，谁就是赢家。这就像一座金字塔，塔顶之人制定了游戏规则，把别人口袋里的钱，玩进了自己的腰包。

巴菲特，这位被中国人民尊崇为“股神”的“专家”，也毫不留情地从广大股民身上狠狠地大捞了一票。“股神”所玩的也是金字塔游戏。2003年，一贯坚称“只买不抛”的“股神”巴菲特，首次购进5亿美元中石油股。“股神”的确大手笔。消息一公布，成千上万的崇拜者相继跟进，全都攥紧中石油的股票死也不肯抛。人们太相信世界第一首富的投资策略了，以为只要握紧“股神”选中的股票，就一定能像“股神”那样发大财。

“股神”不负众望，苦苦守候了4年，等他的信众差不多都进场了，便在2007年7月，悄悄抛售了首次投资的5亿美元中石油股份。单单这一笔，就从中国百姓身上掠走了35亿美元（柯克·林特罗姆(Kirk Lindstrom)：“‘购买和长期持有’，巴菲特出尽剩余的石油股份”，2007年10月23日。——编者注）。同年10月，“股神”全部出清中石油股。可以肯定，“股神”所赚的每一分钱，全都来自中国股民的巨大亏损。因为，“股神”以低价先买进，站在金字塔的最顶端，而信奉“股神”的人们一一跟进（股价已被抬高），在塔底“严防死守”(buy and hold)。等“股神”脚底抹油抛掉股票开溜后，丢下的残局就由垫底的人去收拾了。无数投资了中石油的股民，因此而倾家荡产！真正应了“一将成名万骨枯”的悲壮诗句。

再回过头来看电视，Stanley 还在那儿振振有词、喋喋不休地“忏悔”着：“我是金融危机的罪魁祸首，谁叫我买股票股票跌、买房子房价跌、买指数指数跌呢？”

最后主持人笑问他，那么这会你还想投资什么？Stanley 拿出一个咖啡罐，打开盖子给主持人看，罐头里全都是现金，他说：“我不投资了，只有把钱放在咖啡罐里。不然的话，好不容易有点起色的经济，又要垮下去了，我可不想做千古罪人。”

我们只玩 Other People's Money!

31. 都是电脑惹的祸

现代的风险管理越来越时髦，也越来越全面，但是根本没有起到任何作用。衍生工具这个庞然大物，最后是被自己的重量压垮的。

这一年多来，为了找寻金融危机的罪魁祸首，美国的媒体炸开了锅，大家各执一词。最有意思的是格林斯潘，他将矛头直指发达的电脑技术，说现在的结果都是电脑惹的祸。

2009 年 11 月 13 日，一大早，CNN 的一个 Breaking News 令我震撼："USarrests and charges two Madoff programmers"（两位前麦道夫的电脑工程师被控告并逮捕），吓得我一身冷汗。

这一年多来，为了找寻金融危机的罪魁祸首，美国媒体简直炸开了锅,大家各执一词。格林斯潘就曾将矛头直指发达的电脑技术，说现在的结果都是电脑惹的祸。这会更好了，联邦调查局直接将软件工程师逮捕归案，并加以控告，看来他们还将坐牢！

我是以金融软件工程师的身份进入华尔街的，细想下来，华尔街能发展到今天，电脑的确"功不可没"。

在华尔街，电脑最初的主要功能是储藏交易信息，将纸上的交易记录转入电脑系统，使交易变得简易，因而交易量剧增成本骤降，促使华尔街资本血库加快流动。随着电脑技术的进一步发展，交易渐渐地朝自动处理和自动交割的方向发展。纳斯达克的兴起就是由电脑系统驱动，其场外交易（OTC）方式抢走了原先华尔街明星——场内交易员的风头。而电子通信网络（Electronic Communication Networks，简称ECN）的发展，更使得证券的买卖双方能够直接“见面”，变成一个巨大的虚拟网络交易所，无需通过交易员来执行指令。当年五大ECN之一的Archipelago，在进军了纽约证券交易所后，使得场内独享特权多年的600多名交易员，立刻“告老还乡”。

我的老同事彼特，是我的前辈，我曾经做他的助手多年。彼特在华尔街做了十多年的股票套利（Arbitrage）交易，也就是同一只股票在不同的市场的套利行为。打个比方，假如微软的股票同时在纽约和多伦多上市，同股同权。但是，它们的价格时常会出现差异，如在纽约一股卖30美元，在多伦多却要卖到30.5美元。彼特就可以在纽约买进，同时在多伦多卖出，转手之间每100股就赚了50美元。说起来很轻松，但事实上这样的机会往往转瞬即逝。彼特那时每天盯着10来只股票，一刻不停地捕捉这样的机会。连中午吃饭都不能离开，往往都请同事代买饭盒，在办公桌上匆匆地扒个几口。甚至，连去厕所都要争取时间，瞬间解决，生怕走一趟洗手间，就错过一笔大交易。长此下来，他患上了胃病和神经衰弱症，眼睛更是深度近视。

后来，公司开始开发程序交易系统。套利交易这块，先是用电脑来监控各地市场的股价，一旦发现差异，电脑的荧屏上就会跳出Message，alarm的声音还会提醒一下，由彼特决定是否交易。头两个月试用下来，彼特轻松太多了，不用整天盯着电脑，只需留意alarm的提醒即可，还可以上网到处逛逛，电话泡泡妞。可惜，好景不长!

不久，公司进一步开发这套程序交易系统，将事先设计好各种交易模式以及不同的algorithmic trading(算法交易)电脑软件编程，使其成为自动交易程序系统。彼特的股票套利交易方式的率先开发由我负责。我将彼特的那套交易方式编入系统之中。这样一来，彼特所做的那些交易，完全能够由系统自动执行完成，而且还能24小时监控，在全球的市场进行交易，哪怕彼特上班打瞌睡都能交易，并且准确无误。我演示给彼特看时，他兴奋极了，不住地与我击掌，cool，cool说个不停，得意至极!

这套系统开发得非常成功。彼特每天上班变得更为舒服，天天像在度假。头几个月他还懵懵懂懂，再下一步就可想而知了。不久，彼特便接到下岗的通知。他离职那天，我感到特别抱歉，仿佛是我致使他丢了饭碗，一个劲儿对他说："I am sorry, very sorry！" 彼特倒是个明白人，他说："这不是你的错，你只是做了该做的事情。我在华尔街也待够了，正好回家度大假。"

如果电脑在华尔街只运用到这一步，起的作用应该是正面的。它不仅增大了交易量，还降低了交易成本，使投资者的回报最大化。但是"针无两头利"。随着电脑技术的进一步提升，弊病也开始显现，对市场就好似猛兽一般。算法交易里曾有一个模式：假如股价上升5%，或者买入单增多，就可大量买进；一旦价格下跌5%，或卖单增多，就可卖出。

这看上去不错，问题是，如果有多家公司的系统，同时使用这种交易模式，并进行交易，当股价一旦涨至某一个点，引发系统同时买入便进入了死循环：越买价格越升，越升系统就越买。如前文所述，那一次，股市在10分钟之内突然飙升20%，结果大乱。最后只能将这些系统停下，并将这10分钟内所有的交易全部作废。在类似的问题多次出现之后，美国证监会设立了严格的规定，在电脑系统中设置了更多、更严密的条件后，这个游戏才继续玩了下去。

2010年初，加拿大几大银行合资2亿美元，开发一个全新的全球证券交易监控系统，我有幸参加了这一项目。在每天从全球各交易系统输入的几百个证券交易记录文档中，我发现有一个文档容量巨大，包含了几百万，甚至上千万笔交易记录。这个文档来自 Chi-X 交易系统。Chi-X 是由欧洲金融界投资几个亿于 3 年前开发的，这是一种 High-speed Computerized Trading System（高速电脑交易系统），它将 Program Trading 提升到了一个更高的"境界"，在更为复杂的交易模式支撑下，每一只股票，哪怕只有一分钱的利润，它们就自动执行交易，号称能用"超光速"完成交易。

Chi-X 交易系统上马不过两年，就将伦敦证券交易的 1/4，乃至整个欧洲 12% 到 15% 的证券交易量囊括其中。而目前 Chi-X 证券交易公司只有 40 个员工！ Chi-X 的巨大成功，使欧洲好些金融集团立刻跟进，投资上亿的几个同类交易系统也已经上马，虽然规模还没有 Chi-X 这么大，可都在迅速成长之中。"幸亏"目前美国还未允许这类系统在美国交易，一旦这类电脑交易迅速普及，一般散户就别玩了，肯定是它们的小菜而已。不过，随着金融全球化，欧洲的这些系统万一同时买进或卖出，股市立刻暴涨或暴跌，后果不堪设想，届时是否又将归罪于电脑以及开发这些系统的工程师呢？

尽管电脑工程师"干得比驴累，吃得比猪差，起得比鸡早，下班比小姐晚，装得比孙子乖，看上去比谁都好"。就拿收入来说，当那些金融大鳄、金牌分析师、基金经理和一流交易员，每年怀揣成百上千万甚至上亿的奖金时，工程师却只拿四五万的红包而已，却在媒体不时地煽情宣传下，"被平均"成了五六十万美元。虽然我还不了解被捕的两个工程师具体都干了些什么，但可以想象，他们是按麦道夫的指令而为，在麦道夫如日中天之时，难道他们能违背老板的旨意吗?

由于电脑无比巨大的计算功能，过去只能纸上谈兵的金融衍生产品，被华尔街的金融天才们一一变成现实，这才是格林斯潘真正所指。

20 世纪 90 年代，长期资本管理公司的对冲基金（Long-Term Capital Management），就是使用 Monte Carlo Simulation（蒙特卡罗模拟），用电脑生成所谓的“随机数据”，将获得诺贝尔经济学奖的布莱克 - 舒尔斯(Black-Scholes)模型,通过电脑系统即时运算,产生出衍生证券的价格,开发了号称“将金融市场的历史交易资料、已有的市场理论、学术研究报告，以及市场信息有机结合在一起的固若金汤的电脑系统”。当时，LTCM 那些天才们，根本不用去公司打理业务，他们天天打高尔夫球，去海滩度假，任由电脑帮他们去运作。结果出事了，以 40 亿美元的巨额亏损告终。

LTCM 的破灭，只是一个预演。这次金融危机才是华尔街衍生证券化的一场精彩大戏。颇具讽刺意味的是，虽然现代的风险管理越来越时髦，也越来越全面，但是根本没有起到任何作用。衍生工具这个庞然大物，最后是被自己的重量压垮的。

没有电脑技术的高速发展，这次金融危机可能不会这么严重。但无论电脑系统再怎么厉害，也是人脑开发出来的，是由人来控制执行的。毕竟,现在还没有到电影 *Matrix*（《黑客帝国》）的时代,责怪电脑不是太可笑了吗？

32. 无所不在的“SWAP”

这次金融海啸的元凶 CDS，也是 SWAP 的一种，刚出时，其复杂程度只有 10 个人懂。美联储里没有一个人懂，包括格林斯潘。

古时候有两个手艺人，一个木匠，一个鞋匠。木匠每天可以做 4 把椅子，而鞋匠每天可以做两双鞋子。如果让木匠做鞋子，一天最多做一只；想要鞋匠做椅子呢，一天最多做三条腿儿。在不考虑材料成本费用的情况下，如果有一天木匠要鞋子了，而鞋匠正好要椅子了，他们该怎么办？大家一定会说：“他们可以交换嘛。”Bingo!

这种以物易物的方式就是华尔街最复杂的金融产品——SWAP（掉期合约，港台翻译成“互惠信贷交易”）最原始的概念。几百年前，亚当·斯密就指出：“如果一件东西自己动手做，比花钱买还要费钱的话，那就永远不要自己做。”在华尔街，只要你具备“Comparative Advantage”（相对优势），也就是你无我有，你有我强，你强我比你更强，就有资格做 SWAP。而且什么都可以做，从最普通的利率掉期（Interest rate Swap）和外汇掉期（Currency Swap），到所有一切产品。华尔街上有句笑话，连老奶奶都可以打包变成美女做交换。举个简单的例子：

微软在美国生意做得大，信誉级别又高，如果微软向银行贷款，能够拿到很低的利率，比如2.5%。但微软要是在澳洲需要澳币的话，向当地的银行借钱，强龙压不过地头蛇，信用度不足，就拿不到这么低的利率了，至少需要付 5% 的利息。而 Qantas 航空公司在澳洲是地头蛇，在当地银行能借到利率 2.5% 的贷款。假设 Qantas 航空公司正好需要在美国开拓业务，需要向美国银行借钱，和微软在澳洲借钱一样，因为 Qantas 在美国的信用度不够，也至少要付 5% 以上的贷款利率。这时，只要微软和 Qantas 公司像木匠和鞋匠那样，小 Case 一个，设计一个 SWAP 就可以搞定。

假设微软和 Qantas 各需要 10 亿美元的贷款，微软以 2.5% 的利率向美国银行借到了资金，然后给 Qantas；Qantas 在澳洲也以 2.5% 的利率借到了贷款，再转给微软。别小看这样的交换，这样大家都可以省去 2.5% 的利息——每年 2 500 万！岂不是皆大欢喜了吗，当然华尔街的投行要赚去至少 10% 的手续费。

不过，上面这种 SWAP 在华尔街，只能算幼儿园的水平。

我曾在一家投行专做 SWAP。2006 年底的一天，公司来了一位神秘的客人，她一到便惊动了公司的顶级人物，我的上司鲍勃被召去开秘密会议。大家纷纷猜测，是什么样的人物，令部门的头头脑脑鱼尾相贯地消失在办公室，几小时之后又一个个兴高采烈地返回？原来她是英国皇室成员，而且还是著名的慈善家，在非洲有好几个慈善基金，专门用来建学校、造医院，不断扩大慈善事业。但说来好笑，她此行的目的，却想让我们通过SWAP交易，用合法的途径来免交政府高昂的税额。众所周知，美国和加拿大许多法律的制定，全出自英国的Common-Law（习惯法），美加两国承袭了他们的高税率，英国的高税收制度就更免不了了。对于富人们来说，摸出钱来做慈善，完全出于一种优越的满足感；以他们高贵名字命名的慈善基金越多，就越体现出他们高高在上；但要强行逼迫富人交税，他们就不那么心甘情愿了。哪怕从政府的口袋里逃掉一分钱税，也会换来两分钟的快感，太划算了！

这位皇室成员“慕名”前来我们公司，要求我们帮她完成一笔相当复杂的SWAP交易。在这笔交易中，她10年内能合法地“逃”掉税款5 000万美元，而我们公司则可以落袋1 000万美元！

这种合法逃税的SWAP交易，复杂程度令人叹为观止。这次金融海啸的元凶CDS（Credit Default Swap，信用违约掉期）也是SWAP的一种，在刚出道时，其复杂程度只有10个人懂。美联储里没有一个人懂，包括格林斯潘，要他们来监督，不是勉为其难吗？

不过说到底，任何金融工具都只是工具而已，就像手枪，能为我们拿奥运金牌，也能行凶杀人，关键要看拿枪的人怎样去使用了。

其实，在日常生活中，我们每一个人都经常在做SWAP，只是大家没有意识到而已。大人物支付昂贵的手续费为“逃”税。我们小人物所购买的健康保险以及汽车保险，事实上也是SWAP，你为老板打工，还有平时在商店里购物的Warranty，也是SWAP的一种。

刚到美国，我就留意到，但凡在商店里购买商品，店员总会向你推销Warranty（保用证，又称保证书、保养证，是卖方同意修理或更换已出售货品的协议）。起先，我也不清楚Warranty的功用，后来渐渐地明白了，就是顾客额外地支付一笔钱，向厂商购买保用证。在保证期限内，如果商品坏了，用户可以得到免费的修理服务，甚至可以调换商品。

可能因为我和我太太都是“坐家”，家里的办公椅特别容易坏。5年前，我们买了一张新椅子，299美元，外带Warranty，50美元保5年。从第三年开始，这椅子，隔几个月坏一个部件，一个电话过去，厂商就寄个新零件过来。5年间，等于又换了一把新椅子，太划算了。

有一次逛街，太太的小资情调上来了，非要买一个制作卡布奇诺的咖啡机，599美元。因为尝到过Warranty的甜头，这次自然也不例外，75美元担保3年。不久朋友来家做客，我想秀一下新机器，“鲜加加”（显摆的意思）地问朋友喝不喝卡布奇诺，朋友当然说好。我太太进厨房，一操作机器，等了半天卡布奇诺就是不出来！这下要出洋相了。我太太急中生智，马上烧了杯特浓的咖啡，再用卡布奇诺机打了些牛奶泡沫在上面，蒙混过关。我那朋友还一个劲儿地说，好喝，好喝！朋友前脚走，我立刻致电去厂家抱怨。这时 Warranty 的功效又发挥了作用，由于我那咖啡机的型号有质量问题，厂商已经停产（怪不得没用几天就坏了），不过厂家答应换给我们一个新型号，市价 799 美元，这下儿我们又赚到了。

当然，也有吃亏的交易。前年买了一台笔记本电脑，特大荧光屏的，看着很舒服，不过听说其散热系统不过关。我想，买个 Warranty 保 3 年，who 怕 who。某天早上，电脑无法启动了，一查，母版烧坏了，便立刻打电话。没想到，电脑用了三年零 6 天！Warranty 已过期。

看来，买家多半斗不过卖家呀！也就是说，卖家要和你做 SWAP 的话，通常是对他们有利。所以，在一般情况下，“购物专家”不建议大家购买 Warranty。

33. 巴菲特式的掠夺

这种游戏看似合法，却是 Perfect Crime（完美的犯罪），为我们揭示了为何华尔街能把别人口袋里的钱玩到他们的腰包里。

被中国人民尊崇为“股神”的沃伦·巴菲特，被福布斯杂志评为 2008 年世界最富之人，也是历史上最成功的投资者之一。巴菲特的基金在 50 年中平均年投资回报率达到惊人的 31%。他最为世人称道的，是坚持“Buy and hold”（买下后长期持有，只买不抛）价值投资理念，节俭的生活习惯和慈善事业。因此他是 2007 年《时代杂志》世界最具影响力的 100 位人物之一。

巴菲特的讲话常常被称为商业讨论与幽默的混合体。每一年由巴菲特主持的公司股东大会，从世界各地慕名前来的参加者就达 2 万人。在这一盛大的股东大会上，巴菲特准备就绪的公司年报和发给股东的信件中，引用和穿插着文学典故、圣经话语、中东的警语以及数不清的玩笑，因此经常被财经媒体报道。他每年拍卖一次与其共进晚餐（或午餐）的机会，拍卖价越炒越高，2008 年赵丹阳以高达 211 万美元的价格中标。

媒体也最乐于歌颂巴菲特节俭的美德，将他与华尔街嗜血成性的银行家的奢侈生活加以对比。因为他是世界最富之人，却依然住在当年所购买的小房子里，只花费他 31 500 美元，如今市值也不过区区 70 万美元。

虽然后来他在加利福尼亚拉古纳海滩（Laguna Beach）买了幢 400 万美元的别墅，但媒体却“懒得”加以报道，与他几百亿美元身家的天文数字比起来，400 万算得了什么？他的公众形象无可挑剔。然而，当他 1989 年花费公司 1 000 万美元资金购得一架私人飞机时，他“羞愧”地称其“不可饶恕”。因为他与华尔街其他大鳄和 CEO 们的分别就是不奢华，这也是他引以为豪的。美国太需要一个道德精英典范了，当然不会深究巴菲特自认的那点瑕疵。再加上巴菲特已经将 85% 的公司股份捐给了比尔·盖茨的慈善基金，公众对他的信任更是超前，他真的就像“神”那样，被捧上了神坛。因此，他的影响力也空前巨大，回想一下，如前文所述（第三部分第三十一节）的，他投资中国的神来之笔，便可略见一斑。

巴菲特，这位被中国人民尊崇为“股神”的“专家”，他没有为社会创造一分钱，之所以能够从广大股民，特别是中国人民身上狠狠地掠劫成功，就因为他的“股神”效应，他的“赚钱不为己”的公众形象。任何公司只要被“股神”一沾边，民众立刻盲目跟从。

2008 年 10 月，巴菲特以 2.32 亿美元投注中国比亚迪汽车公司，占其 10% 的公司股份。才刚过一年，巴菲特已经从比亚迪公司的账面上，赚得了高达七倍的投资回报率，超过16亿美元！可想而知，跟在“股神”身后进场的中国股民一定是成千上万。但愿这一次“股神”坚守到底、脚底不抹油，那可就是中国股民的大幸了！

为什么这么说？因为这些年来，巴菲特所玩的投资游戏，说穿了，就是华尔街的金字塔游戏。这种游戏看似合法，却是Perfect Crime（完美的犯罪），为我们揭示了为何华尔街能攫取常人无法想象的利润，把别人口袋里的钱玩到他们的腰包里。因为帝国的垄断的权力体系，游戏规则由他们制定，使他们能在金字塔的最顶端，嘲笑被压死在底层的“无知”者。他们国内国外大小通吃毫无例外，也毫不手软。

通过这次金融海啸，这种狼吃羊的兽行在华尔街丛林已司空见惯，可一旦狼繁殖的速度超过了绵羊，那么也就到了狼吃狼的时候了。

巴菲特在中国人民身上劫掠了一票之后，马上杀回老家美国，在高盛集团的狼嘴里拔掉了一颗牙。2008年9月23日，就在高盛宣布转成银行控股公司的第二天，高盛因为亏损巨大，导致资金周转不灵。巴菲特向高盛伸出“援手”，以50亿美元购得高盛的优先股，用另外50亿美元换取了高盛普通股的认股权证。

巴菲特之所以敢大胆出手，就好比打麻将，他将对方的底牌看得一清二楚。第一，“股神”透过政府间的层层关系，摸清政府将救助AIG。只要AIG不倒，高盛也必将屹立不倒。果不其然，当AIG拿到1800亿美元的政府救助资金后，立刻赔偿高盛129亿美元（高盛“下赌”40亿美元卖空抵押贷款相关证券）；其二，高盛也将从政府的救助资金里要到100亿美元。巴菲特深知，只要高盛喘过一口气，市场这块蛋糕还在，分割蛋糕的霸主却少了，他完全可以稳坐钓鱼台。

2009年7月24日，这天高盛的收盘价每股为164美元，巴菲特认购的优先股价值55亿美元，而普通认股权证购买的股票为32亿美元，再加上红利再投资4亿美元，总金额为91亿美元，扣去巴菲特当初投资的50亿，净利41亿美元。仅仅一年不到，“股神”便为此项投资赚足111%的回报率。“股神”自己毫不掩饰对高盛的信心，他称：“我和高盛的关系可以追溯到1940年。我关注这家公司很长时间了，我对高盛集团的状况和管理层的信心超过华尔街任何公司，他们对市场的时机把握最为出色。”当然啦，他如果不了解高盛与政府上层之间的关系，他怎么会如此大胆？

只有上帝能够洞察人间的一切！巴菲特虽不是上帝，可却能像上帝那样站在金字塔的顶端，洞察在他脚底下人们的一举一动，不称他“股神”也难。只要华尔街金字塔模式存在一天，这种血腥的掠夺就不会中止，世界也就得不到安宁。

股海浮沉

34. 投机和投资的区别究竟在哪

“投资的收益，是来自投资物所产生的财富；而投机的收益，是来自另一个投机者的亏损。”

初进华尔街时，对“Investment”和“Speculation”这两个词特别好奇。从字面上来看，前者是“投资”，后者是“投机”。但我留意到，有时同事们买进某个证券说是 investing，尽管有时买进相同的证券，却又说是 Speculating，令我感到困惑。我询问了一些同事有关个中的区别，他们回答不能令我满意，含含糊糊的，查阅了好些财经书籍，也不得其解。

第二年夏天，我所在的银行家信托做一个项目，请来了哈佛大学商学院的教授尤尼。逮着了机会，我请教了困惑我的问题。他笑道：“Good question，看来你在思考，那我就告诉你一个原则吧，‘投资的收益，是来自投资物所产生的财富；而投机的收益，是来自另一个投机者的亏损’，你慢慢体会吧，会得出答案的。”

有了这一原则，我渐渐明白了投资和投机的区别。最近几年，常有亲友对我说：“你写的文章我们都看了，也懂得了好些投资基础知识，你总是告诫说要投资不要投机，说投机和赌博没什么两样，但是投资和投机的区别究竟在哪里呢？”

借用尤尼教授的话：“Good question！”因为这个问题点到了个人理财的根子上。现在人们都体会到理财的重要性。随着市场的金融化，市场上各类金融产品多如牛毛，除了最普通的股票之外，还有各种基金和各类金融衍生品。每个金融产品都号称自己是最佳的投资工具。而各种商品，特别是房子，更宣称是最佳的投资产品，号称房价只会升，不会降。这一现象体现在前些年的美国，这两年的中国。最近，黄金又被称为最佳的保值品。好像只要购买了这些商品，就是投资了。

其实，要区别投资和投机非常简单：如果你买入了一种金融产品，是准备以更高的价格卖出的话，比如低买高卖股票房子，那就是投机；如果你是指望这个产品能不停地产生收入，比如定期分得的利息分红、房租收入等，那才是投资。也就是说，投资和投机的根本区别，就在于你买入一种金融产品后，是从哪儿得到未来的收入。

由这个定义来判断，就非常容易分清什么是投资，什么是投机。中国人最钟情买房子，那就拿买房子来举例。

假如你花100万买了一套公寓之后，再也不关心房价的涨跌，只是把公寓租出去，指望着租金给你带来稳定的回报，这个行为是投资。也就是说，你所投资的这一产品，能给你的未来带来了稳定而有保障的收益。如果出租的公寓每年收益为6万，扣去地税物业管理费1万，等于净赚了5万，每年的投资回报率就是5%。但是购买了这套公寓后，每年的租金收入只有2万，再扣去地税和物业管理费，净赚只有1万，比银行定期的利息都低，那这就是一个亏损的投资。如果明明知道买下房子出租带来的收益，肯定比银行的利息还要低，并非期待租金回报，只希望房价能上涨，等卖出去赚得差价，这样的购房行为就是投机了。

从上面这个例子中可以看出，同样是购买房子，可能是投资，也可能是投机。用金融上最简单一个比例租售比来衡量吧，1∶160以下时（国内的情况不同，因为还没有征收房地产税，所以这个比例可到1∶200）的购房行为属于投资，而超过这点则属于投机了。

不过，投资房地产有一条原则非常重要，那就是真正增值的只是土地，而不是房子本身。也就是说，如果购买了房子后，同时又拥有了土地，从长远来看是一种投资；而如果你购买的只是房子的使用权，并没有真正拥有土地，在这种情形下，即便你拥有了稳定的租金收入，从金融角度看，也只能视为投机行为。

再比如，你买入一个资深蓝筹股，像美国的电力公司，每个季度都分红，多年来其股息分红稳定在每年5%上下。如果对这只股票的价格涨跌毫不关心，只在乎它能带给你固定的股息分红，那就是投资行为。如果你买下一只高科技股，这个公司还没开始盈利，只有盈利的前景，你是寄希望于其股价上涨，你能低买高卖，那显然就是投机行为了。

对于大市的投入，也很容易区分投资和投机。例如，在2007年上半年，那时Fixed Income的债券收益率一般在6%到8%，而同期的股票分红率只有2%到4%，如果你买固定收益债券就叫投资，而买股票就叫投机。因为按市场规律，这时股市应该下跌了。实际上，那时如果你那样做了，在这次金融海啸中则会毛发无损。2009年年初，股票的普遍分红率升至7%到9%，而因为超低利率的关系，固定收益债券跌至1%到3%。这个时候，你如果购买股票，那就叫投资，而买债券反倒成了投机了。

购买黄金就更是一种投机行为。因为黄金本身非但不会带来固定的收益，而且还必须支付存在银行内的保管费；像古玩、名画、钻石、邮票这类商品也一样，因为这些东西本身都不会带来任何固定收益，要想获取收益，就只能期望以更高的价格卖出，这就符合了投机的基本定义。

为什么我们反复说，理财中要尽可能多投资，少投机，甚至不投机。从上面的例子中可以清楚地看到，投资注重收入，是可控的；而投机是不可控的，它和赌徒的行为本质是一样的。而由于信息的极其不对称，就像赌徒总是输给赌场那样，散户多半要输给庄家的。

这些道理说起来很简单，但真正做起来就非常不容易。因为羊群心理，人们多半喜欢追高杀低。所以，一般大众投机的多，真正投资的人却很少。这也就是普通散户为何赢少输多的真正原因!

希望这篇文章给大家带来启发，弄清楚自己理财时，究竟是在做投资，还是在投机!

35. 股海翻腾四重境界

投资需要直觉：降低专家费用，减少开支，使你从市场获得最大化的回报份额。

2008年底，从纽约回多伦多，临行前朋友们为我饯行。我这帮哥们儿不是博士就是硕士，几乎都在股市中扑腾了十几年，好几位还是华尔街“高手”。聊起来，三句不离本行，自然都和股市有关。那晚，大家你一言我一语，像开总结大会。

吴同学抢先发言：“十多年前，毕业了，上班了，手头有点儿闲钱了，听到周围的朋友都在炒股票赚钱，媒体也天天宣扬高科技时代到来了，新一轮牛市已经来临，机会千载难逢，说什么某某某几千元起家，几年炒出好几个亿。还有索罗斯一天赚10个亿，股神巴菲特成了世界首富，使人感觉股市就像个提款机。我没和老婆商量，手拿第一个红包5 000元一下子冲进股市。第一只股票刚买不到三天，就差不多跌了一半，赶紧卖了又换了几只股票，结果还是亏，几把玩下来钱也输得差不多了，只能告诉老婆大人第一年上班没有奖金。从此再也不敢碰股票。”吴同学是个“妻管严”，大家听后大笑。

这是典型的炒股第一境界：以为股市是个轻松发财之处。新手进股市一般都很懵懂，大多听信媒体的宣传，或受亲友的影响。就像第一次进赌场，听见老虎机“叮叮咚咚”地往外吐钱，便兴奋地以为人人在赢钱。于是，不知深浅一头扎进股市，见什么股票热，就买什么股票。但股市往往欺生，好些人很容易就亏损50%。而想要再赢回来，得要100%的回报率，如此高的回报率很具挑战性，连资深的基金经理都很难做到。

李同学第二个发言：“我也经历过你那个阶段，但我不信邪。我想，炒股一定是有方法的，一定要踏在前人的肩膀上才会有收获。我马上买了几本书，学股神巴菲特，用基础分析法研究股票的P/E值、分红率和公司的现金流。刚开始有点儿用，但赚得不多，选股的涨幅并不比定期存款高多少。后来听说我们散户学巴菲特有难度，炒股应该研究技术分析。我又买了几本书，把那些技术图形背得滚瓜烂熟。起先还真管用。有门儿！但往往刚赚了几笔，一个浪头打来，前面赚的钱都悉数返还。忙活这么多年最多打个平手，好像在为证券商打工（交交易费了）。”

这是典型的炒股第二境界：希望找到持股赚钱的操作方法。许多人在第一境界就被淘汰下来，就像那位吴同学，被蛇咬了一口，从此不敢下股海。像李同学那样不服输的大有人在，他们读书、研究股市的门道，基础分析、技术分析道道通，也不追高杀低了。碰上大势极好的时候，也能赚个几笔，便以为自己是巴菲特，感觉特别好。如果天不遂人愿碰上大熊市，不信邪的再战江湖，反复拉锯。最后的结果和第一境界没多少分别。

周同学第三个发言："老李，你真是书呆子，怎么相信书呢？谁会把赚钱的秘密告诉你，现在还有雷锋吗？有的书说要跟着大市走，上升时买进，下跌时就卖出；而有的书则说不能追高杀低，'在别人贪婪时恐惧，在别人恐惧时贪婪'，到底听谁的？对股市必须全方位来看，社会、政治、经济再加上心理学，这点最重要。到了股市里就要跟着感觉走，我早就不信那些股票分析法了。我研究了一套独门绝技。这么些年来，输少赢多，在公司和周围亲友里有'小股神'之称。要不是赶上百年不遇的金融危机，再炒几年我就可以金盘洗手，退隐江湖了。"

这位仁兄显然进入了炒股第三境界：赢多输少。少数富有天赋的人，如果对股票有了本质上的了解，并研究了心理、社会、政治、经济学等领域。从第二境界上升到第三境界，这些人，凭着对股海的特殊敏感，练就成股海的弄潮儿，就像冲浪高手，能顺着海浪上下起伏，赚多亏少。如若没有金融危机，还当真可以全身而退。

> 我最后一个发言：“老周，你这位仁兄虽然在一般情况下，能做到胜多输少，可显然尚未达到股海翻腾的最高境界：只赚不赔，永远赚钱！股海翻腾的真正要诀——是玩OPM（Other People's Money）。在股海里单打独斗是不行的，早晚会失手。一定要做庄家来大的。这赚钱的事情传得最快，达到第三境界的人往往被别人当作股神，你还要靠媒体忽悠。‘股神’便可吸纳大量别人的资金，放手大胆地玩OPM。遇上牛市赚钱，就可以说自己本事大，名正言顺将账面利润的10%到20%揣进自己的腰包。遇上熊市亏损的时候，只要怪大市即可。他们自己非但不赔钱，3%的管理费照收不误。你看人家巴菲特、彼特林奇、索罗斯和罗杰斯那些‘神’人，他们每年的收入千万、上亿，甚至几十亿美元。他们是‘股神’吗，自然是啦。但他们还在玩自己腰包里的钱吗？早就不玩了，而是‘帮’别人‘投资理财’。就像医生给别人开刀心定得很，换了手术台上是他自己的亲人，马上手抖脚软。”

就像美国最大的私募基金Blackstone的CEO施瓦茨曼（Steve Schwarzman），尽管公司股价从上市之初每股31美元，下跌至目前（2009 年 8 月 28 日）的 13 美元一股，当初的投资者损失了 190 亿美元，他 2008 年的薪酬依然高达 7 亿多美元！

玩“OPM”才是玩儿股票的最高境界，才能真正做到“宠辱不惊，看庭前花开花落；去留无意，望天边云卷云舒！”

最表面的原因在于，我们希望透过市场上的非理性运动看到一些逻辑模式。投资者通过股市波动中寻找事件的关联性和背后成因，希望找到一种可以挣钱的模式。举例说，过去发生的 5 次危机，有 4 次都是未知因素使得市场从困难中走了出来，这种未知因素对我们有很大的吸引力。我们希望了解它，这和买博彩的人付费请专家让其帮着挑选号码，其实是一样的道理。我们确信博彩中一定存在一种模式，倘若我们可以破解它的密码，我们可以从中挣大钱。

一方面，业绩表现优于市场水平只是一个零和游戏——有人赚钱，有人赔钱。聪明绝顶的专家有很多，他们都潜心研读数据，希望从海量数据中找到相对于对手的优势，但总体上他们只能和对手打个平手。CNBC 的一位专家，认为科技股的价格低廉，并鼓动投资者买进科技股。正好一位投资者认为这些科技股的价格已经被高估，这样这位专家就从后者手里买进了此类股票，这一买一卖，两个人当中肯定一个是赢家，一个是输家，不可能双赢。

给投资专家费用，使得问题变得更糟。投资是一个零和游戏，投资者作为一个整体获得的回报只是没有扣除费用前的毛利。当我们扣除支付给基金经理的费用后，然后自己来来回回交换股票。

正由于这些费用，作为一个各方博弈后的结果，投资者是无法获得理想的市场回报的。

正由于这种数学原理的存在，投资要成功，需要一点直觉：降低专家费用，最大限度地减少开支，使你从市场获得最大化的回报份额，让你获得高于市场平均水平的回报的可能性增大，一言以蔽之，故意的无知胜过投资专长。

36. 风光无限的绿色能源

夏普副总裁罗恩·凯奈迪认为政府部门的太阳能项目已经成为“亮点”。

去年底，我在《奥巴马执掌美国后的N个猜想》(《周末画报》518期封面故事）一文中提到：“奥巴马政府将对绿色能源行业提供优惠政策，所以我看好这个行业的盈利前景。”就在绝大多数行业还在金融危机的挣扎之中，2009年绿色能源行业逆市向上，前景果然如我所料。

近年来,“地球过热”,要“环保”和要“绿色”的声音越来越高。不久前，与以往美国总统都不同，奥巴马到访中国，将环保和气候过暖问题作为谈判重点。最近,在哥本哈根召开的世界气候大会，更将环保绿色提升到“Political correctness”（政治正确）的高度。现在不谈绿色，不谈环保和气候，就将落伍。凡是和环保绿色沾边的企业，前景就自然看好，这和20世纪90年代中后期但凡与网络沾边的企业，股价就上升一样。

俗话说，春江水暖鸭先知！政治人物在这方面最为敏感。前美国副总统戈尔，他拍的“绿色”片子《令人不安的真相》不仅荣获奥斯卡奖，他本人还因此得到“诺贝尔和平奖”。最近，一向支持戈尔的《纽约时报》撰文说：“戈尔从绿色产业中发了大财。”报道指出，戈尔一面高喊全球过热，一面大举投资绿色产业。戈尔大手笔投资了7 500万美元给加州一家制造提高输电网效率的公司。奥巴马政府能源部最近宣布，将提供34亿美元建造“智慧电网”。戈尔投资的公司获得近6亿美元的补助，可以预期戈尔未来获利将是数倍。《纽约时报》还透露，戈尔对绿色产业进行了广泛的投资，包括碳交易市场、太阳能电池和免冲水式小便器等。2001年初，他卸任副总统时，申报的财产不到200万美元，现在则有数亿美元身家。真可谓名利双收。

政治人物靠嗅觉灵敏发大财，“股神”巴菲特当然不甘让他专美于前。中国大兴土木建造高速公路时，巴菲特却大手笔以340亿美元投资伯林顿北方公司（Burlington Northern）——美国的铁路运输业。

巴菲特自称，铁路是美国未来的前景，其实他也看到了“绿色”的前景。在石油越来越稀缺的今天，原本夕阳西下的美国铁路，不但能够降低商品的运输成本，而且还能减少燃料消耗带来的空气污染，符合绿色环保的要求。显然，铁路运输将可能取代卡车，在未来30年的经济活动中扮演重要的角色。石油紧缺的事实，令低油价消费的日子一去不复返，为了省钱，可能抛弃开车的习惯。同时为了环保，今后，选择坐火车出外旅行的民众也会越来越多。

巴菲特不但大举投资铁路，2008 年 10 月，他所控股的中美能源（MidAmerican Energy Holdings）斥资 2.30 亿美元，买进了比亚迪 10% 的股权。起先，媒体匆匆得出结论：巴菲特是押宝电动汽车业。事实上，各种迹象显示，“醉翁之意不在酒”，他的兴趣是在比亚迪生产的电池。中美能源运营的电网，它利用可再生资源发电的量，比任何主要的美国公共事业公司都大。最近，中美能源在俄勒冈州的子公司 PacifiCorp，建起了一座足有 10 个 40 英尺集装箱大小的建筑，里面都是比亚迪的电池，用来储存风能和太阳能的电池，以便在无风天和阴天使用。随着巴菲特大手笔的投资，比亚迪的股价飙升了 7 倍。才刚过一年，巴菲特已经从比亚迪公司的账面上，赚取了超过了 16 亿美元！

可以预见，今后几年，就像 20 世纪 90 年代，点 COM 的疯狂，凡和互联网沾边的股价都会上升一样，凡是和绿色相关的产业都会风光，绿色能源将成为时代的弄潮儿。现在的绿色能源行业已经在全世界初具规模，涨势凌厉的新能源股，已经开始上演“哥本哈根”行情。美国拥有的绿色新科技，将会把流失在外的美元赚回来。投资者顺势投资，可有斩获。当然，蜂拥而上就会产生泡沫，还是得小心谨慎。

前些年，由于全球好些企业一拥而上，同属于绿色能源太阳能以每年 40% 速度超速增长，显然过了头，出现了明显的泡沫。今年初，由于信贷市场紧缩，再加上全球太阳能电池板供过于求，价格一路下跌，使得这些太阳能产业股价一路下跌。

不过，最近，出现了曙光，由于美国对环保项目刺激资金的投入、税收优惠措施延长、新资本涌入等，绿色产业的股价开始止跌回升，其中，包括在纽约证交所上市的太阳能电力公司无锡尚德、日本的夏普和英国石油公司等。

最近，无锡尚德高管陈立志（Steven Chan）表示：“我们的情况正在好转，我们已经走出了过去的低谷。”夏普副总裁罗恩·凯奈迪（Ron Kenedi）认为政府部门的太阳能项目已经成为“亮点”。英国石油公司太阳能部门总裁傅嘉礼（Reyad Fezzani）也表示，印度等市场新的补贴措施将刺激太阳能产业的成长。看来，各种因素将推动2010年的太阳能产业股价的上升，长线看好。

37. 投注票房——电影期货合约上市

危机中的美国民众其他消费减少了，只有电影票房逆势大幅上升。可以预见，电影期货合约将是华尔街今后几年的一大热点。

2010年3月11日，有一条财经新闻引人注目："Beginning next month, movie lovers will be able to make that bet through a futures contract issued by New York broker Cantor Fitzgerald."，意思是，4月开始，电影爱好者可以通过期货合约，来下赌注电影票房的输赢，由华尔街上有名Cantor Fitzgerald担当经纪商。这家公司在"9·11"事件中遇难者最多，有六七百人，包括和我有着相同背景的中国留学生王维斌、CEO的弟弟，而CEO因为他太太身体不适，改由他送女儿去幼儿园，才幸免于难。

这条新闻中用了一个非常有趣、在赌场里听得最多的词——bet，极其传神地点出了期货合约和赌场的共同点。

这种期货，一经美国商品期货交易委员会正式批准，便可在Cantor交易市场开张，全天候交易，届时任何人都能"投资"（更确切的是"投机"）。预计大众将对这个产品趋之若鹜。另据《纽约时报》报道，还有好几家华尔街公司也正在筹划这项业务，Cantor只是领先一步而已。

Futures（期货）是买卖双方在期货市场上签订的一种契约合同。这种合同定时、定量、定价买（Long）卖（Short）某种货品，包括各种债券、外汇及具体某种实物。

> 比如，有个农场主每年收获100吨玉米，正常情况下应该能卖到1 000元/吨。他生怕那年玉米丰收而跌价，就卖了一个100吨1 000元/吨的玉米期货。要是那年玉米真的跌了，他的玉米当然没卖到好价钱，但他在玉米期货赚了，正好弥补亏损。这个农场主所做的是Hedge（对冲）。和他签订期货合同的买方，如果玉米的价格超过1 000元/吨就赚了，跌到1 000元/吨以下就亏了，就像在赌场里下注“大小”那样，完全是一种“冒险投机”。

在美国，具体操作期货时，一般要通过Margin（保证金）账户，保证金至少是总价的25%，也就是说至少是1∶4的杠杆。而期货的保证金比一般股票的保证金账户比例更低，只需总价的5%到10%。Margin加上Futures，那可是杠杆的杠杆，获利与风险比例均比股票高。但买卖“期货者”获利或亏蚀的幅度，可以是本金的数十以至数千倍！

前几年，美国的大报、小报以及电视新闻，沸沸扬扬地议论着第一夫人希拉里，焦点是她在克林顿当阿肯色州长期间，下注1 000美元炒牲口期货，仅用10个月，便获利10万美元。希拉里的这笔牲口期货交易之所以形迹可疑，不仅是因为发得太快、获利太高，而且1 000美元的数额实在太小，在一般情形下根本不足以在牲口期货市场下注。希拉里的解释是，她对期货市场一无所知，对这笔交易的细节也一无所知，买卖是在她的朋友——期货专家詹姆斯·布莱尔的怂恿下，并由他一手包办的。至于布莱尔，是否因此而从克林顿州长手上捞到什么好处，就不得而知了。第一夫人在期货市场碰运气，发了笔小财。反对党自然耿耿于怀，大做文章，这下子好了，期货交易成为轰动一时的热门话题，我也看得津津有味。

总统夫妇被政敌抓住把柄纠缠了几个月，搞到后来，还是不了了之，风波也就逐渐平息了。这么容易就赚到大钱，因为她是希拉里，我们平民小百姓千万不可轻举妄动，不要误以为期货是发大财的捷径。因为说穿了，期货是一种零和游戏，她希拉里能够1 000赌注赚10万，普通散户就可能会1 000赌注亏10万。弄不好还会倾家荡产。

以电影期货产品走上交易舞台来看，很显然，是《阿凡达》的成功激起了华尔街的兴趣。试想，以5亿美元的资金投入，三年五载便可带来25亿的票房,再加上后期的衍生品,包括DVD、图书、电脑游戏、玩具等，预计总收入会突破50亿美元！即使按其中的30%计算，至少15亿纯利润，那也是投资额的300%！这样的投资回报率，借用马克思的话，什么事情干不出来？简直与点COM的疯狂可以一拼，所不同的是绝大多数点COM公司都在烧钱，而好莱坞电影是真金白银地赚到了。

2008年引发的金融海啸，已经演变成经济危机，令美国实体经济变得极度萧条。除了所谓的绿色工业，投资的亮点越来越少。像黄金、石油、绿色能源等企业，股价早就高处不胜寒，获利空间狭窄，甚至不复存在。越来越多的经济学家称，这次危机很可能演变成Great Recession（大衰退），可以和大萧条相“媲美”，衰退将持续7到10年。

好莱坞正是借助大萧条崛起的，这次大衰退无疑令历史再次重演,给了好莱坞绝佳的机会。因为危机之中的美国民众旅游少了,其他消费也减少了，只有电影票房逆势大幅上升。可以预见，电影期货合约将是华尔街今后几年的一大热点。

如今的世界是平的。最近，国内华谊电影公司上市，正好与上面的新闻交相辉映。国内媒体似乎也预言，21世纪最暴利的产业就是文化业，特别是影视公司的“钱”途，多年来一直被金融界锲而不舍地垂涎着。国内民营电影业华谊兄弟在创业板上成功上市,应验了媒体的预言,华谊造就的那批“星光熠熠”的明星们,也踏入了富翁之列，更使得导演冯小刚成了亿万富翁!

华谊公司的上市，实际上也是让股民们向中国影视业投注。最近中国也将开放期货市场，如果学美国也做票房期货的话，相信股民们也会纷纷追捧！不过，在此我再次善意地提醒一句，普通股票的风险已经够大了，在期货市场上，投机的火药味更大，稍有不慎，便可倾家荡产。最好的投资就是远离它！

Only
Socialism Could Save America

第四章
不断膨胀的金融泡沫

在杠杆的作用下，将“财富”魔术般地变了出来，然后以虚拟的超额利润，收取超高额的管理费，制造了一个个完美的庞氏骗局：不断用后来之人的钱，去填补前面的窟窿。

谁在制造泡沫

38. 泡沫的故事

人类的金融史几乎就是一部泡沫史。

人类的金融史几乎就是一部泡沫史。先前三五十年一个小泡沫，百八十年一个大泡沫。后来二三十年一个小泡沫，五十年一个大泡沫。大家耳熟能详的有：1637 年的荷兰郁金香疯狂、1720 年的英国南海泡沫（牛顿在这个大泡沫中亏了两万英镑，若按每年 2% 的通胀率来计，值今天的七八百万英镑）、1837 年的美国银行恐慌等。历史上最恐怖的 1929 年大萧条，泡沫就始于“1907 年大恐慌”。近三十年来，随着全球经济一体化的加速，信息传播的速度越来越快，泡沫积聚的速度也越来越迅猛，单单这十年我们就经历了无数的大小泡沫。巨大的泡沫就出现了两次：一次是“点 COM”，另一次就是房市。每一次的起因都类似，结局也颇相同。但人们似乎很健忘，总是跟随泡沫一次次地追高杀低，深受其害。

吹大泡沫总要有个说法，最典型的有几种。

(1) 当经济快速发展时，人们的想象力被激发，那些与新技术

相关的标的物会伴随媒体的大肆渲染，泡沫被吹大起来。如百多年前的铁路股、20 世纪末的“点 COM”及相关的高科技股，甚至与未来“绿色概念”相关的股票，都曾经飙升，或未来会飙升，人们总以为这些股票会无视地心引力一直往上蹿。

(2) 泡沫的形成与人们的必需品相关。譬如人们坚信对房子的刚性需求永远都存在，所以房价可以只涨不跌。前两年的油价也是如此，从 30 美元一路上涨到 147 美元一桶，华尔街大鳄和部分经济学家还预测：石油将会涨到 200，甚至 400 美元一桶。

对这两项引发泡沫的诱因，使得人们蜂拥而上，推动商品的价格不断地走高。因为人性雷同而且千年不变，不管是美国人还是中国人，不管是 100 年前的人还是当下的人，都会拼了命去追赶有利可图的快车，绝不想被车上的人挤在门外。那些传统的预测泡沫的理论，早就被抛到九霄云外，人们往往从最初的疑惑，转变为好奇，然后升级为狂热。每次泡沫都会无情地破灭，留下一地鸡毛。过去的事就不再提了，20 世纪 90 年代末的高科技股大跌，令股价至今都回复不到最高点的 25%。如今，美国各地的房价跌去了 30% 到 60%，而且还在继续下跌；2008 年，油价接近 150 美元一桶，却硬生生一路下跌至 30 美元左右，目前依然徘徊在 70 美元上下，连最高位的一半都不到。

(3) 稀少的古董古玩、名家名画类。最近，美国一位著名画家的三幅现代画，拍出了超过一百万美元的高价，后来他透露其中的两幅画是他女儿四五岁时的涂鸦之作。还有一幅更离谱，是他家一条小狗的大作！前些日子被炒得沸沸扬扬的圆明园兽首拍卖事件，一位收藏家披露说，10 多年前他曾收藏过一个，只花了 2 000 美元，就在一个跳蚤市场买到了。

(4) 对所谓名牌和限量发行的迷恋。这几年，名牌手包的价格以每年 15% 左右的速度迅猛攀升，留意到这一泡沫的人恐怕不多。我太太的一个女友就是品牌包的狂热追风者，每隔几个月就会买一两种新款式。设计师就是抓住了跟风者的心理，给手包取的名字就像名车的那样，什么“Uptown”、“Downtown”、“Mulberry”，价格动辄上千乃至数千美元，还美其名曰限量供应能保值。

一次 Party，这位大小姐提着一个透明的包，包里的物件依稀可见。我定神瞧了瞧，发现包的质料跟我家浴室的浴帘相似，便故意开玩笑对太太说，你怎么拿家里的浴帘给她做皮包了呢？那位大小姐一听不高兴了：“胡说！我这是 Chanel 的最新款式，800 多美元，比你家浴帘不知贵了多少倍！”我心想，这位大小姐缺乏幽默感倒也算了，都上当了还不自知就太可怜了。

对于古董名画、名牌奢侈品，如果有闲钱买来玩赏一下倒也无妨，不过这些商品本身无法带来收益，真可谓“Priceless”，可以说它“无价”，也可以说它一文不值。它们的“价值”在于下一个买家愿出多少钱，就像我们小时候玩过的击鼓传花那样，得祈祷下一个傻瓜出现了。富人的钱已多得发霉，就让他们去把玩好了，而普通百姓如果指望那些东西能保值增值，就绝对不靠谱了。

泡沫就是这样，你方唱罢我登场。近来，无论是国内还是国际上，黄金保值的呼声甚嚣尘上，真是“满城尽带黄金甲”，使黄金突破 1 000 元美元一盎司，创下历史新高。

> 听过一个寓言，有两个探宝者甲和乙，经常结伴去探宝。在一次探宝途中，突然下起大雨，他们躲进一个山洞，不料走进山洞深处，竟然意外地发现了一堆金砖。他们欣喜若狂，于是两人将金砖一分为二，各自放进了自己的背包。金砖太重了，而想要带走金砖就必须穿过沙漠，两人不得不扔下随身物件，只带了珍贵的水与食物。他们出发了，他们走过三分之一的沙漠时，太阳高照，躲也无处躲，每走一步都变得非常艰难，但谁都不想抛掉金砖。甲取出水壶抿了一口水，一不小心，水壶掉地上了，眼睁睁让水流走了。他口渴难忍，不得已将金砖跟乙换水喝。为了得到更多的金砖，乙把珍贵的水换取了金砖。不幸，在走出沙漠之前，乙背着沉重的金砖倒在地上，走进了天国。甲却两手空空地走出了沙漠。

听到这儿，或许读者会说，故事很老套，没啥新意。慢着，故事还没有结束。一百年之后，另外三个探宝者在沙漠中发现了乙的骷髅和一堆金砖。那三人见到金砖一点都不兴奋，因为百年后的黄金就像普通的金属一般，毫无珍贵可言。他们根本不明白，乙怎么会死在一堆金砖的边上。

关于黄金，股神沃伦·巴菲特有句名言："没有多少实用价值的黄金，被人类从非洲或其他地方挖掘出来，然后将它们熔化，铸成金砖。然后，再挖个洞（指各国央行的地下金库），将它们埋进去，花大钱雇人看守着。任何火星人看到这事都会挠头不解的。"这正好是上面那个寓言故事最佳的诠释。

从近代货币发展史来看，黄金遭此命运毫不令人生奇。在资本主义的发展初期，采用的货币是银本位，随着生产力的迅速发展和提高，对货币的需求猛然增长，逐而更换了金本位制。所谓的"金本位"制，就是每单位的货币价值，等同于若干重量的黄金(即货币含金量)。

因为金属货币毕竟有限，财富越来越集中在少数人的手里时，社会流通的货币少了，这就阻碍了经济的发展。以20世纪大萧条为例，因为生产出来的商品无法兑现，形成所谓的产能过剩，生产力大大超过了黄金的总量。说那是金本位惹的祸，大概也不为过，就因为金本位制，当年无法大量发行货币来缓解压力，致使无数银行倒闭，最终受害的还是普通百姓。据大萧条前后两次人口普查推算，大萧条期间，美国饿死的人占当时其总人口的7%！虽然这个数字没得到官方的确认，可能有点夸张。不过，从官方正式披露的对大萧条描述的文件来看，也足可见金本位之恐怖。

近期，黄金保值的流行观点，促使人们狂热地投资金条、纸黄金（"纸黄金"是一种个人凭证式黄金，投资者按银行报价在账面上买卖"虚拟"黄金，个人通过把握国际金价走势低吸高抛，赚取黄金价格的波动差价。——编者注)，黄金又飞入了寻常百姓的家，出现“金本位”复活的迹象，不禁令人产生了时空错觉。

黄金真的能保值？人们或许太健忘。早在20世纪七八十年代，金价就维持在800美元一盎司上下了。1980年1月，金价甚至突破过850美元一盎司。即使按最保守的每年3%的通胀率，那时候的850美元的价值比现在的2 000美元还要高。100年前，五两黄金就可以在北京买个四合院，在上海买栋石库门。最近黄金猛涨到1 000美元一盎司，五两黄金相当于80盎司，也就是8万美元，折合人民币55万。别说买个四合院儿了，就连买四合院儿里留给保姆住的小房间都不够。随着科技的发展，目前开发黄金的成本大约200美元一盎司，价值300到400美元就不错了。

黄巢的名诗：“待到秋来九月八，我花开后百花杀，冲天香阵透长安，满城尽带黄金甲。”有趣的是黄金这次上涨恰恰落在秋天，如果真能成势，对美元的霸主地位的确是一次冲击。不过，即便美元崩溃了，也不可能回归金本位制，就像当年黄巢起义转瞬即逝一样，黄金担当不了美元所负担的重任。

当今世界，世风日下，有人居心叵测地忽悠大家入市，有人懵懵懂懂地推波助澜。只有在泡沫破灭烟雾褪去之后，人们才会看清幕后真正发生了什么事。为避免上当受骗，普通百姓唯一能做的是多看历史，因为历史往往会一次次地重演，而且有惊人的相似之处。

很显然，黄金将被再一次炒作成大泡沫。既然是泡沫，那就早晚会破。善良的人们千万要谨慎，不要做击鼓传花游戏中那个最后的傻瓜。

39. 金融化为谁带来财富

用杠杆将“财富”魔术般地变了出来，以虚拟的超额利润，收取超高额的管理费，制造了一个个完美的庞氏骗局：不断用后来者的钱，去填补前面的窟窿。

耶鲁大学陈志武教授的《金融的逻辑》一书，其主题就是要使财富“金融化”，也就是将石油、煤炭和人力资源等财富，转变为货币或金融产品的形式，在市场流通、交易。按陈教授陈述的逻辑，一个社会的富裕与不富裕，并不在于财富的多寡，而在于是否将这些财富货币化或资本化，即“金融化”，财富“金融化”的程度越高，社会就越富裕，否则即使有财富也只能是“穷人”。例如现实世界里的美国，“金融化”的程度最高，因而最富裕，现实世界里的中国，“金融化”的程度不够高，因而就不太富裕。

我们必须认清一个事实，社会财富是靠实体经济创造的，“金融化”充其量只能促进社会财富生产或创造的顺畅进行，其活动本身并不生产或创造社会财富。因此，“金融化”被夸大到可以替代整个市场经济体系，并生成社会财富的所有环节一说，是非常可笑的。人们就是金融“化”得再狠些，也无法“化”出衣服、粮食、房子和汽车。最重要的一点，金融化的无限扩张必然会带来资产泡沫，导致社会冲突，最终引发金融危机。从以往的南美、日本、东南亚的金融风暴，到这次远未平息的金融海啸，以及冰岛、迪拜和即将来临的希腊的金融危机，都一次次清楚地向世人证明了过度“金融化”所带来的后果，充分说明了“金融化”对全球的危害。

金融说到底只是服务业，创造出来的最多只是“虚拟财富”。虽然现实中的美国依靠“金融化”无边界地进行扩张，造就了巴菲特、索罗斯等金融巨鳄，使整个美国“富裕”得史无前例，说到底是华尔街站在金融金字塔的最上端，依靠美元的特殊地位造就的，其他国家根本无法复制。更何况，美国真的富裕吗？单单国债就高达13.1万亿美元，平均每一个美国人欠债4万多美元。要不是靠金字塔底部的中国等国家支撑着，美国早就破产了，这样的“金融化”能效仿吗？

目前美国政府、公司和私人累计欠债总额已高达天文数字。如果按照美国现有人口3.05亿来计算，人均欠债为70万美元，每一个家庭（按一户3.1人）欠债217万美元。兑换成人民币的话，每个家庭全成了千万“负翁”。这是国际经合组织（Organization for Economic Cooperation and Development，简称OECD）的统计数字，而经合组织是唯一一个国际组织，可以跟踪其所有成员国的累积债务。这就是“金融化”的结果。就连美国总统奥巴马都公开承认，目前的赤字消费将“无以为继，我们必须为借贷付出利息，那就意味着我们在用我们的子孙的未来做抵押，让他们还更多的债”。

在《金融的逻辑》中，陈教授给中国的“逻辑性”建议是：鉴于中国“金融化”得很不够，因而要加大“金融化”的力度，不仅要扩大依托于大自然和人类本身财富的“金融化”，更要将层次上升到华尔街开创的“金融创新”的市场中，制造更多的“金融衍生产品”来富裕中国；中国不必害怕，更不要在乎金融危机，中国最终能成为美国的比肩者或超越者！例如，个人住房抵押贷款只占中国GDP的13%左右，而美国已超过了100%，中国显然还有很大的空间可以扩大这类贷款，基于这类贷款“创新”金融产品。

然而，事实已经证明，陈教授这种“金融化”的论调，与华尔街缔造的经济模式——只靠呼吸便可“创造社会财富”，与这一纸壳般华丽的金融体系，简直是一脉相承、一丘之貉。华尔街不惜一切代价所推动的是一种金融体系，但更是一种垄断的权力体系。当人们对金钱作为中介的依赖越来越严重时，那些握有权柄的人就越来越乐于创造金钱，并滥用这种权力来决定谁能得到金钱。依靠这一体系创造的并不是社会的真正财富，而是海市蜃楼，美国和迪拜的房市泡沫就是最好的例证。

那些参与“缔造财富”的金融机构的权贵，用金融资产搭建了一座债务金字塔。用光怪陆离的衍生证券，在杠杆的作用下，将“财富”魔术般地变了出来，然后以虚拟的超额利润，收取超高额的管理费，制造了一个个完美的庞氏骗局：不断用后来之人的钱，去填补前面的窟窿。当借款人开始拖欠债务或者无法偿付贷款时，泡沫破灭，“财富消失”，债务金字塔瞬即崩溃。而站立在金字塔顶端“缔造财富”的魔术大师，早就把底层进场的财富装进腰包开溜了，留下一片废墟（无法偿付的债务黑洞）。

对华尔街放松了管制，使人联想到大海被冒险家和武装船队统治的时代。想当年国王授予海盗法律豁免权，以换取一份战利品。实际上“冒险家”是海盗的另一个富有色彩的名字，是彻底的自由主义者，他们为个人的财富制定自己的游戏规则，就像华尔街在自己的空间表现“自由市场”这一资本主义最完美的形式一样。“武装船队”就是公开上市公司的前身，华尔街对冲基金经理、外汇交易员、经纪人和投机财富的炒家就是当今的冒险家，华尔街银行是武装起来的船队，经济是他们的海洋，上市公司是服务于他们掠夺财富的船只，纸壳子般华丽的金融体系是他们进行掠夺的武器，而国家则变成了他们的奴仆和监护人。陈教授所提倡的“金融化”其实和上述例证类似，其结果就是把大众口袋里的钱“化”到极少数人的腰包里。

这种华尔街“金融化”模式根本就是鸦片，毒素已然侵蚀到个人、社会和整个人类。因为华尔街的本质，就是利用复杂的交易扩大增厚财富的蛋糕（不管财富是否掺水），然后采用不道德的手法剥夺社会财富，以最大限度地扩大个人的金融收益，从而最大限度地加以攫取。

其次，华尔街“金融化”之所以不能成为一般逻辑，而为他

国所效仿，最特殊之处就在于美元的国际货币地位。这点恰恰在《金融的逻辑》里被忽略了。美元的国际货币地位，长期以来使美国通过货币霸权，大量地占有别国的资源、商品和劳务。更令人愤怒却无可奈何的是，美国还通过各种国际组织，包括世界银行和IMF（国际货币基金）等国家强权形式，阻止了其他国家的美元储备对美国商品和劳务的自由购买，迫使其他国家的美元储备大量增加，美国则越来越长期地、大规模地占有别国的资源、商品和劳务。与此同时，它又通过所谓的“金融产品”如国债来吸收他国的美元储备，转移华尔街日积月累的金融风险，更以金融市场复杂的汇率游戏，巧取豪夺他国的财富。

因此，美国“金融化”中相当大的部分，是由美元的特殊性带来的“金融创新”，其内在逻辑，就是向别国转移其风险以及掠夺他国的财富。说其是一种普世可用的“金融逻辑”实在是站不住脚。如果哪个国家强行地推行这样的逻辑，结果必定是出现“金融怪胎”而贻害推行国本身。

以近些年来中国和美国的经济贸易往来为例。中国人出售了大量商品和劳务给美国，中国人得到了什么？得到了美国人印制出来的美元货币。这在美元作为国际货币的格局下，这是自然而然的事情。然而，不论按照什么样的理论和原则，得到美元的中国人，应当也必须到美国去购买美国的商品和劳务，以完成真实的经济交易，得到国际贸易的好处，构造实实在在的国际自由贸易往来。但是，号称以自由市场制度为精神支柱的美国人则以种种理由，就是让中国人购买不到想要买的东西，自然资源不卖、高科技不卖、工商企业不卖、银行很小比例的股份也不卖。在美国人越来越大规模地享有中国商品和劳务的同时，使得中国的美元储备大量增加。从这个角度讲，中国外汇储备，特别是美元储备的巨大增长，在相当大程度上并不是主动的，而是“被迫的”。

为了减轻中国等国家美元储备大量增加，对美国未来商品和劳务市场的巨大冲击，美国人，一方面，加大美国国债在市场上的流通量，让中国等国的美元储备不得不大量地变换为“美国国债资产”，在让中国人心理上认为“美国国债安全”，从而稳定地保有美元储备的同时，实际上让中国人越来越大量地与美国政府一起承担起了美国政府乃至于整个美国社会经济的风险；另一方面，美国人又大搞起了所谓的“金融创新”，弄出了大量的“金融衍生产品”再吸收到部分中国和他国的美元储备。这样做的结果，就明明白白地将美国人在美元上面的金融风险，轻而易举地转移到了中国等其他美元储备大的国家身上，并且随时都可能消融掉这些美元资产的价值在空气之中，进而永久性地掠夺中国等他国的财富。

就在这次发端于美国的金融危机中，购买了大量美国国债和金融产品的美元储备国，大多形成了可观的实际价值损失，而且对于未来的损失走势也无法预测。据报道，单 2008 年中国国企和华尔街金融衍生品业务的浮亏可能高达上千亿，且浮亏还在继续。

这样的“美国金融逻辑”如何能够作为一般的“金融逻辑”在他国演进。

以中国为例，在人民币还不是国际货币，他国根本不可能将其作为储备货币进行保有的情况下，中国的“金融化”就无法让其他国家来承担中国“金融化”的巨大风险，更谈不到“化”来他国的财富。

就金融层面来说，美国即使在美元霸权等特殊优势之下，都阻止不住金融危机的发生，更经不住“金融化”过头带来的金融危机对整个美国社会的冲击，更何况没有那等优势的中国，又如何避免得了“金融化”过度带来的危机，更如何承受得了危机带来的社会财富巨大毁损？

《解密金融霸权》一书，层层揭开美国以华尔街为代表的“金融霸权”，如何在“金融化”的外衣下，掠夺本国大众以及世界各国的财富。可以说是一本全方位批判《金融的逻辑》的书。说明了“美国金融故事”是一个只可能发生在美利坚大地上的故事，中国复制不了这个故事。如果，强行地加以复制，那只会带来灾难。除了走自己的路，或者，北欧绿色模式也值得中国借鉴。

40. 被掠夺的50万

艾教授通过校友会，将50万美元交给了艾伦斯坦福，说好每年至少10.3%的利息，最快5年后便可加倍奉还。金融海啸来了，东窗事发，艾教授那50万就人间蒸发了。

刚到美国时，我在中部的一所州立大学攻读大众传播硕士学位。听说美国人数学不怎么样，于是第一个学期选修了统计学(上)。原以为在国内修过统计学，可以轻松混三个学分，腾出时间去打工挣学费。却不料授课的艾教授也是中国人，想混学分不容易。

艾教授是改革开放后第一批来到美国的留学生，在斯坦福大学攻下天文物理博士后，应聘到我所就读的州立大学任助理教授（相当于国内的副教授）。如此的经历，在当时的中国人中算是凤毛麟角的了。结果第一学期结束我只得了B^+（相当于86到89分），这对于从小到大数学成绩一向优异的我来说，是不能容忍的。第二个学期我接着又修了统计学（下)，还是艾教授授课，终于得了个A。虽然花了不少时间，但受益匪浅。

三个学期后，我离开中部搬去纽约。不过，一直与艾教授保持着联络。特别是进入华尔街后，我时常向艾教授讨教模型问题。

后来，艾教授的许多学生收入比他当教授高，特别是那些进入华尔街的，平均收入比他高个两三倍。可是，艾教授醉心于科研，不愿意离开学校。

皇天不负有心人，前年，艾教授几十年的研究成果获得了邵逸夫奖，奖金 100 万美元，他一人独享（诺贝尔物理学奖那 100 万美元常常是两三个人分）。得知这一消息，我第一时间就打电话去祝贺！艾教授说，辛苦大半辈子了，这笔钱扣去 50% 的税，也可以买个度假屋，享受退休生活了。我劝艾教授，说美国房价大泡沫，即将大跌，最好再等两三年再进场。

前些日子，我在网上和他视频聊天，告知他美国房价已跌去 30% 了，现在是购买度假别墅的时机了。只见他浓眉扯了一下，耸了耸肩膀说：那笔钱都蒸发了，一半交给了 IRS（美国税务局），另一半交给了“斯坦福”。交给税务局是没有办法，“斯坦福”不是他的母校吗？是他捐给母校了吗？细问下来，原来是另一个麦道夫——艾伦斯坦福。艾伦斯坦福是继麦道夫之后，在金融海啸中所出现的上百个大大小小的庞氏骗局制造者之一。其中，麦道夫与斯坦福是涉案金额最大的两起。

提到“斯坦福”这个姓氏，很多人会想起美国著名高校斯坦福大学，这也是后来斯坦福往自己脸上贴金的重要砝码。原本他和斯坦福大学毫无关系，为了建立与斯坦福大学的联系，他一方面，向外界宣称他与斯坦福大学的创始人——利兰斯坦福是远房亲戚；另一方面，又利用金钱来“攀亲”，资助利兰斯坦福大厦的重建工程。

在斯坦福大学的网站上，人们可以看到他与众议院议长佩洛西拥抱，以及前总统克林顿当面称赞他的画面。1995年以来，斯坦福玩弄着与麦道夫相同的手法，号称每年的投资回报固定在10.3%至15.1%。他手下“斯坦福银行”一年期的存款单，年收益率可高达摩根大通银行的3倍。

艾教授通过校友会的介绍，将税后的50万美元交到了艾伦斯坦福的手上，说好每年至少10.3%的利息，最快5年后便可加倍奉还。没想到金融海啸来了，艾伦斯坦福东窗事发，艾教授那50万人间蒸发了。

也怪我多说一句，如果艾教授一拿到钱就买度假屋的话，虽然缩水30%，但房子还在。现在可好，奖金一分不剩。

但谁能料到像艾教授这么高智商的人，都会上了斯坦福的套，相信那听上去就不可能的好事。然而，受麦道夫和斯坦福骗的哪个不是“精英”，不知是狐狸太狡猾了，还是“精英”往往反倒缺乏常识呢？

泡沫能挺多久

41. GDP，空心的财富蛋糕

金融危机前，美国人的生活水平就已不如10年前，GDP却显示美国经济在蓬勃增长。这说明GDP数据被不真实的资产泡沫扭曲了。

2009年的11月，美国第三季度GDP增长成为全球最热的话题之一。而作为经济回暖数据标尺的GDP，其可信度却正受到越来越多的质疑。

先讲个小故事，在巴黎，一个研究GDP的年会上，经济学家聚首一堂。休会时，美国的甲教授和英国的乙教授在大街上散步，瞧见地上有一堆狗屎。甲教授说："仁兄要是吃一口狗屎的话，我就给你100万。"乙教授反问："真的吗？"

"那当然！不过，我要看着你吃下去。"甲教授说。

没想到，乙教授真的趴到地上吃了一口，眉头一皱，咽了下去。甲教授大惊失色骇然不已。但君子一言，驷马难追，只能开张一百万美元的支票给乙教授。可乙教授拿到支票并不高兴，他心想，这要是传开去我吃过狗屎，那岂非一世英名毁于一旦？他见甲教授一脸的后悔，就说道：“这样吧，你如果也吃一口，我也给你100万。”甲教授听罢也毫不犹豫地吃了一口。乙教授也当即给他一张支票。然后，两人发誓谁都不准说出去。

他们俩在回宾馆的路上还谈论着这件事，并得出了一个结论：“就在前10分钟里，我们创造了200万美元的GDP。”

地球人都知道，GDP是指国内生产总值，这一指标是20世纪30年代由经济学家西蒙库兹涅茨应美国商务部的要求，负责编制的一种反映经济全景的指标Gross Domestic Product，简称GDP（国内生产总值）。到了20世纪90年代，世界银行和国际货币基金组织策划了一套政策，和美联储一起与华盛顿达成共识，包括放松银行管制和市场自由化、私有化和缩小政府规模，强调GDP，使GDP增长率成为衡量经济发展最权威的指标。

可是，近十五年来，每隔几年发生一次金融危机和经济衰退，使人们越来越质疑GDP的可靠性。特别是这次百年不遇的金融危机，在其爆发前，美国人的生活水平就已经不如10年前，但GDP却显示美国经济在蓬勃增长，说明GDP数据被不真实的资产泡沫，特别是房地产泡沫扭曲了，就像那两位教授各吃一口狗屎GDP便产生 200 万，事实上房地产的不断转手根本未产生任何财富，却占了 GDP 中很大一个比例。

在法国，由于 2001 年到 2006 年房屋价格猛升，住房成本大幅增加，使法国家庭的可支配收入在短短五年间减少了近 50%。实际生活水平明显下降，而 GDP 却显示这 5 年间，法国的整体财富增加了 20%。

事实证明，GDP 只是一个量的指标，而不是一个质的指标。GDP 的增长和整个经济、社会和环境的变好，以及持续提高人民生活水平没有必然的联系。这次美国金融危机的原因是：以往的投资多半去了房市、车市和股市，GDP 虽然上升了，但没能显示出这是不可持续的。人类的可持续性发展恰恰是最重要的，GDP 却无法衡量。

基于 GDP 未考虑财富分配，更没有道德价值观，只计算政府的投入而不考虑产出，只计算规模而不考虑效益，各国之间的 GDP 比较，则好似拿大象的重量和兔子的重量之间的比较一样可笑。联合国早已试图采用新的指标，这个指标能更全面地衡量社会经济的发展水平，评估出世界各国真正的生活质量——“人类发展指数”。在这个指数中，包括了资源消耗和环境退化的绿色净国民产出，社会中位收入而不是平均收入，体现社会平等的基尼系数和预期寿命及教育程度等指标。

希望不久这个指标能代替 GDP 作为衡量各国发展的指标。

42. 金融逻辑：欺诈加绑架

他们的经济一旦崩盘，美元变废纸的话，中国的损失同样巨大。意思是中国人必须省吃俭用借钱给美国人消费，否则，大家都吃不了兜着走。

在中国的东北，有一对夫妇育有两个儿子。说来也奇怪，同是一母所生，又是同在一个屋檐下生活，老二和老大截然不一样。老二打小读书就不努力，读完中专进了工厂，发下来的工资，一个人吃吃用用交交女朋友，父母对他也没要求，总觉得老大在美国前途无限，但老二就“太可怜了”。因此老二交了女朋友之后，老人主动把多年的积蓄替老二交了首付款，让他买房子结婚。这下可好，有了房子就要家具，于是老人又把老大孝敬他们的钱也拿了出来，买了大屏幕的家庭影院。这还不算，还缺一辆私家车，两老的钱已奉献得差不多了，只得开口问老大要。念在亲情的分上，老大汇了 2 万美元。可老二觉得钱太少，刚刚够买普通的车，那样的话还不如不开车呢。于是贷款买了一辆名牌车，反正贷款慢慢还呗。

父母和老大看不过去，劝老二量入为出，老二不以为然：“现在都什么年代了，怎么这么老土，要跟国际接轨向美国学习，连政府都鼓励我们消费保持经济增长。大哥也算是美国人了，怎么一点儿都没有学会。我不过是问你们借钱，又没有说不还，小样。”

金融海啸来了，对中国出口企业影响很大，海外订单少了，不久老二下岗，合适的工作没找到，失业金无法同时养车、养房子，老二将车子卖了。但他坚决不卖房子。到底是哭叫的孩子有奶喝啊！父母和老大被“亲情”绑架了，只能继续“借”钱给他，总不能让他流落街头吧。

这个故事所映衬的就是美国的现状，甚至可以说是全球经济的缩影。

许多向金融机构借了钱消费、享受的美国人，根本买不起房子车子。反正，一旦无法偿还，宣布破产就是，政府肯定会用纳税人的钱去救助他们的。从全球视角来看也一样，这些年由于华尔街玩弄衍生证券杠杆越来越大，使得泡沫一个接一个，直到这次大危机闯下大祸。华尔街以至美国非但不彻底反省：是否自己的经济模式出了问题，信贷消费的生活方式是否应该彻底改变了？反而，继续发行国债，四处借贷。特别指着中国，说中国如果不买美国的国债，他们的经济一旦崩盘，美元变废纸的话，中国的损失同样巨大。意思就是中国人必须省吃俭用借钱给美国人消费，否则，大家都吃不了兜着走。

目前经济的不景气，迫使欧洲人和日本人削减开支。发展中国家的新兴市场，花费数年，好不容易才从 1997 到 1998 年的金融危机恢复过来，他们的消费需求刚刚开始回升。只有形成大手大脚消费习惯的美国人，才会在疲软的商业期内，也狂轰滥炸，疯狂消费。经济学家更宣称，美国是“消费者最后的圣地”。

看来，这个世界，还得继续“感谢”美国欠巨债狂消费。否则，世界经济就要继续走下坡路。明知美国是金融危机的罪魁祸首，虽然可以谴责，但也只能陪着美国继续玩下去。

美国老百姓，如果不再继续消费，中国的出口业不也将受到牵连吗？比中国人平均收入高 30 到 40 倍的美国人还在大手大脚，住豪宅开名车。这种状况要是一直维持下去，美国就会像那家的老二一样，更有恃无恐，马照跑，舞照跳，反正没钱了，还可以向父母和大哥伸手，不用怕。

美国公司，像“两房”、AIG，Countrywide 和 GM，用信贷的方式大赚特赚，高管们大发红利，花天酒地。金融危机爆发，这些公司濒临破产，政府唯恐其破产使经济危机更甚，自然要扶一把，可扶了一把之后，还有数不尽的第二把要扶。

43. 被债务杠杆撬起的迪拜

全球债务滥用的系统性风险、房地产大泡沫依然存在。目前，全球经济是靠着政府全力以赴地放松信贷，在债务杠杆下勉强地支撑着。

2007年初，我在美银证券部做Swap，也就是现在臭名昭著的CDS（Credit Default Swap，信用掉期交易）。一天，上司带了一个中东模样的青年人进了我的办公室，告诉我这青年人叫亚瑟（Yaser），将在我们部门实习半年，让我负责培训他。

亚瑟非常聪明，对人有礼貌，他特别爱提问，像极了15年前刚进华尔街的我。相处了没几天，亚瑟便对我无话不说了。亚瑟来自迪拜，是阿联酋人，父亲经营房地产，他家在迪拜算得上名门望族。他来美国读书是期望能在华尔街干个一年半载，学些华尔街的名堂，特别是信用掉期交易。他说学好后回国做，能用华尔街的"Magic（魔术）"来生钱，而且生大钱。

一天，他一本正经地对我说："Steven（我的英文名），多谢你的指导。如果你去迪拜的话，一定发大财，你可以投资房地产，华尔街许多投行在那儿都有投资。"

我颇感兴趣地问道：“是吗？回报多少？”他说：“每年 20% 到 25%，每三年翻一倍！”

“哦？升得比美国和中国都快？”我有点儿怀疑。“那当然！我们有油呀，这个世界永远需要石油！如果你去投资的话，我给你安排最好的交易。”亚瑟说得很自信。

我懂亚瑟的好意，但那时我对美国的房市已心生疑惑。因为我们所做的 CDS 中有一个假设，就是房地产每年至少上涨 6%，否则这个模型就会破灭。而房价会一直上涨吗？我半信半疑。如果迪拜的房地产每三年涨一倍，这样的涨幅能够持续多久？

我婉言谢绝了亚瑟。不久，次贷危机浮出了水面，美国房市开始下跌。我提醒亚瑟小心谨慎，亚瑟却不以为然。过了几个月他实习结束回了学校，次年返回迪拜。而我 2007 年也离开华尔街回到多伦多。不过，我们一直保持着联系。

最近，亚瑟时常来电话，每次都说情况不妙每况愈下。由于石油跌价了，迪拜的资金来源越来越紧，房产、金融、旅游，什么都不景气。失业剧增，那些外国人丢了工作离开时，开着车去机场，把刷暴的信用卡留在车内，挡风窗上留张字条，上写“I am sorry！”在迪拜买车又不用缴税，年景好的时候，大家争相买好车开，现在豪华车的价格都降了一半了，可路上还是静悄悄。空置的房子比比皆是，房价在两三个月内狂跌三成，而且还在继续直线下滑。

一次，亚瑟在电话里对我说：“现在想想幸亏你没有投资这儿的房地产。如果那时你买下55万美元的公寓，即便我父亲给你10%的折扣，50万吧，首期15万，这种公寓现在已经跌到40万以下了，你是血本无归啊！”我回答说：“实话告诉你，我不会投资迪拜的房产，你也学了衍生证券、CDS，应该明白杠杆的作用，财富都被杠杆虚拟放大了。我在纽约就一直租房子住，这些年，北美房价每年‘不过’涨了8%到10%，我都感觉泡沫吹大了。”

前几天，他又来电话，语气更为黯淡：“不好了！家族企业因投资过度资金周转不灵，快破产了！”意思让我在华尔街帮他找资金。

我告诉他，现在华尔街自身难保，都在靠政府Bailout，哪儿还有现金呢？

亚瑟说，他不明白，这个世界一夜之间就变了。我告诉他，都是华尔街投行、对冲基金惹的祸，他们利用衍生证券如MBS、CDO、CDS搅乱了市场。根据国际清算银行所披露的数据，2007年，单全球各类金融衍生品的市场面值就涉及了480万亿美元，相当于2006年全球GDP总和的10倍，地球人人均8万美元。如果世界上真有这么多钱，不就可以世界大同，进入共产主义了？

前几年，那些高杠杆的金融衍生产品，将迪拜从沙漠上高高地托举了起来，无数美轮美奂的建筑脱颖而出：什么举世无双的独立建筑“Burj Dubai”、天上“云”飘飘、充满活力的“跳舞塔”、辉煌的“迪拜复兴”、绚丽的“迪拜珍珠”、古典的“迪拜大金字塔”、尖利的“阿拉伯尖刀”、怪异的“迪拜塔”和“达·芬奇旋转塔”

等等，造就了一座繁荣的海市蜃楼，成为世界的奢华之都。迪拜的“辉煌”告诉我们，以抵押未来换取眼前短暂的辉煌，无一例外地将引发下一轮的经济危机。

我给亚瑟的电邮里写道：“但凡靠金融和房地产拉动的经济——低个人储蓄率和高消费带动起来的虚假的高增长，迄今为止都不能可持续发展，都将导致崩溃。超级强国美国靠房地产拉动经济，结果引发 1989 年和 2007 年两次崩盘。经济强国日本靠房地产拉动经济，20 世纪 80 年代末创下整个东京的楼价可以买下美国的神话，但是一夕之间，房价垂直下跌，日本经济整整萎靡了 20 年，至今依然萎靡不振。南美、东南亚等等就不再一一列举了。你是个聪明人，明白了吧……”

其实，我还有好些潜台词没有对亚瑟说，不想把他吓着了。其实，迪拜的债务违约，只是冰山一角，它在明显地向我们显示，旧的泡沫远未破灭，而新的泡沫又正在迅速地产生。虽然迪拜事件好像没几天就“过去”了，但全球债务滥用的系统性风险依然存在，房地产大泡沫在全球各地依然存在，房地产过热的风险远未释放。目前，全球经济是靠着政府全力以赴地放松信贷，在债务杠杆下勉强地支撑着。一旦政府釜底抽薪，那接下来会产生多么严重的后果，还没人能够准确地推算出来。这次金融危机何时才能安然度过，没人能预言，因为没人经历过类似的局面，一切恐怕只能拭目以待。

44. 谁能消化数以万计的坏账

不断出台的救市计划，致使政府大规模财政赤字，充分暴露了发达国家的结构性财政问题：一味保持宽松的财政政策，忽视泡沫时期的财政改革。

欧元是欧洲联盟（以下简称欧盟）的官方货币，在欧盟 27 个成员国中，有 16 个国家采用欧元。于是，使用欧元的国家被称为欧元区，包括奥地利、比利时、塞浦路斯、芬兰、法国、德国、希腊、爱尔兰、意大利、卢森堡、马耳他、荷兰、葡萄牙、斯洛伐克、斯洛文尼亚和西班牙。事实上，另有 5 个欧洲国家也使用欧元，虽然并没有正式的协议。并且，有 22 个国家及地区的货币都直接与欧元挂钩，包括 14 个西非国家，三个法属太平洋地区，两个非洲岛国及三个巴尔干半岛。因此，每天有 3.27 亿欧洲人使用欧元，同时，全球范围内每天有 1.75 亿人（包括非洲 1.5 亿人）使用欧元。

有鉴于此，自 1999 年欧元启用，欧元便成为继美元之后的世界第二大储备货币，仅次于美元，是全球第二大交易货币。2000 年，伊拉克出口石油时改用欧元做，并于 2002 年将美元储备转换为欧元。由此可见，欧元威胁着美元的统治地位，几个月之后，美国便对伊拉克开战，并入侵其领土，唯恐欧佩克石油出口国有样学样。

即便如此，截至2009年10月，欧元在全球的流通量超过790亿，流通纸币及硬币的汇率最高总价值超过了美元。然而，2010年2月，欧元区希腊的财政赤字占到GDP的12.7%（马斯特里赫的条约规定为3%以下），公共债务（债务与GDP之比）达140%（条约规定为60%以下）。

近日，欧元兑美元持续下跌，创2009年9月4日以来的最低值。而欧洲央行宣布将救助希腊的“利好”消息，反而令全球对冲基金对欧元持有高达80亿美元的净卖空，对单一货币如此地做空罕见，很显然，欧元面临成立以来最严峻的考验。2009年12月，穆迪下调了希腊主权信用评级，投资人担心英国、爱尔兰和西班牙等国家的评级也随之下调，便纷纷选择卖出他们的欧元债券，但一时又无人接手，就只有在CDS市场购买保险。希腊五年期债券的CDS保险金高达461个基准点，也就是说，每1 000万美元债券需缴付年保费46.1万美元。

这就是现代市场经济最大的隐患，资产证券化。资产证券化不仅引发了金融海啸，并且令各国政府全面吃进数以万计的资产坏账，不断出台的救市计划，包括刺激消费、降低税收和救助金融部门，致使政府大规模财政赤字，充分暴露发达国家的结构性财政问题：保持宽松的财政政策，忽视泡沫时期的财政改革。

更为严重的是财政赤字化已成为绝大多数发达国家的模式，货币在债务产生的同时被创造出来，各国央行的货币基础是通过政府大量发行短期和长期债券。而财政赤字货币化将导致通胀预期上升，令政府的长期债券收益率大幅增加，从而推动利率上升。

无论欧洲还是北美，各国政府的政策都将在抑制通胀、增加就业和保证经济复苏间寻找平衡点。不过，当前的经济复苏步履维艰，失业率仍高居不下，削减赤字维护主权信用评级就显得相当艰难，迫使政府只能在开源节流上下功夫：加税和削减开支。

在经济还未复苏的情况下加税，公众肯定将加以抵制，一般政客为了保住乌纱帽，轻易不敢出此“下策”。那就削减开支吧。事实上，这也行不通，对于依赖政府消费和滥发货币组成的经济复苏计划，减少政府开支等于是宣布退出救市。唯一的路，就是将债券货币化。

拿欧元来说，希腊政府把债券卖给欧洲央行筹资，这种“借钱”方式等于变相增加货币供给。这钱也不是白借的，是要还利息的。借钱越多，利上滚利，就必须借更多的钱来偿还之前的债务。鉴于欧元区统一货币和一体化经济的特点，当同样饱受公共债务困扰的爱尔兰、西班牙、葡萄牙和意大利也向欧洲央行“借钱”时，当债务与货币捆绑在一处，其必然结果，是债务不断增加，直到其债务货币遭人唾弃。

目前，欧元区多个成员国全都仰赖欧洲央行，想利用央行充裕的资金来化解政府的赤字与债务危机。这种做法的致命弱点在于，欧盟之中，富国（如德国、法国）和相对比较“穷”的国家（如所谓的“PIGS”——葡萄牙、爱尔兰、希腊、西班牙的简称）并存，就好似穷人与富人搭伙，是过不长久的。哪天一觉醒来，欧洲央行信用丧失，16 国中的任何一个成员拒绝使用欧元，其他成员国的连锁反应终将导致欧元解体，其债务货币将被彻底抛弃。

是否危言耸听，拭目以待吧。

Only

Socialism Could Save America

第五章

奥巴马新政

华尔街的本质就是利用复杂的交易，扩大增厚财富的蛋糕（不管财富是否掺水，多么虚拟），然后采用不道德的“移山大法”，最大限度地攫取社会财富。想让他们收手是难上加难！

45. 奥巴马能驯服金融巨鳄吗

华尔街的本质就是利用复杂的交易，扩大增厚财富的蛋糕(不管财富是否掺水，多么虚拟)，采用“移山大法”最大限度地攫取社会财富。

2010年1月21日下午，奥巴马总统宣布美国政府将制定有效措施，加强对华尔街大型金融机构的监管，限制其规模和高风险的内部自营交易，以此来防范新的金融风险。这些措施主要包括三点：

(1) 禁止商业银行从事证券自营交易业务，以及与为客户服务无关而为自己谋利的业务；

(2) 禁止拥有和运作内部对冲基金和私募股权基金；

(3) 对金融机构的存款、负债和其他非存款资金来源规模设立上限。

听到这条消息的第一感觉是了无新意，只不过回到当年格拉斯·斯蒂格尔法案（Glass-Steagall）而已，对是否能避免新的金融危机打了个大大的问号。其次，就在2010年1月25日，民主党在马萨诸塞州举行的参议员席位补选中失利，而马萨诸塞州一向是民主党的地盘，可以说是老根据地了，前民主党参议员爱德华·肯尼迪在那个州经营了几十年。这次竞选结果，反映出当前美国民心对民主党的失望和对华尔街的愤恨。特别是金融危机，导致了多少人失业，多少企业和个人破产，多少个家庭流离失所。但被公认为危机罪魁祸首的华尔街，去年的薪酬却破了历史纪录。

奥巴马这一最新的举措，显然是匆忙出台的“危机处理”，以期平息民愤。这些建议虽然还需国会的批准，但在目前的情况下，获得通过是毫无悬念的。这些建议一出台，媒体立刻大幅报道，多数声音认为，华尔街就要变天了！一般都认为：

首先，高盛和摩根士丹利必须从商业银行回复原来投行的身份，因为这两家银行不但拥有内部对冲基金和私募股权基金，而且其很多内部自营交易组本身与对冲基金没什么两样。如果法律获得通过，今后他们就不能借助商业银行的身份来从事现在所做的证券内部自营交易，包括投机和投资。而在2008年，眼看金融海啸即将侵蚀他们，是靠及时摇身一变，转为商业银行的身份，从政府那儿得到了救助，才得以躲避金融危机，更在2009年赚了大钱。

其次，现有的美国大型金融集团必须分拆，建立起商业银行和投资银行之间的防火墙。自20世纪90年代末解除金融管制以来，以花旗集团为榜样，很多大型商业银行通过收购或兼并，以滚雪球般的方式，创建了一大批超大型的金融超级市场，所谓一站式的服务，包含了金融行业的各种业务。这种超大型的金融机构极大地增加了风险管理的难度。

最后，对冲基金作为机构投资者，也积极参与金融市场的金融活动。他们的规模同样要受到限制，特别是对冲基金高杠杆投资的运作模式，一有风吹草动，再加上管理不慎，同样会对全球金融体系造成损害。

但是，奥巴马的那些举措真能解决上述提及的问题吗？我认为不能！

这次金融危机的起源是什么，是这些年美国银行的金融模式：银行放松信贷，将钱借给无力负担房贷的人，任何商品都可以分期付款去购买，包括汽车，甚至于一分钱不付，就可以先将商品拉回家。归根到底，是这种宽松信贷的消费模式错了，这与格拉斯·斯蒂格尔法案的重提，以及银行是否自营交易关系并不大。所有的危机根子是商业银行的放松信贷模式，而华尔街的投机行为，如这次将一万多亿的次贷打包成 2 万多亿有“毒”的次债，进而再以高杠杆率将其衍生化为 55 万亿掉期交易，只是将篓子捅大了而已。将他们分开经营危机就能避免吗？显然不能！

事实上，这次闯下大祸的那些金融公司：AIG 并不是银行，倒闭的两大投行雷曼兄弟（Lehman Brothers）以及从未吸收过储户存款的贝尔斯登（Bear Stearns），亏损了数千亿美元的“两房”（房利美和房地美）乃至垮台的美联银行（Wachovia）、华盛顿互惠银行（Washington Mutual）和Countrywide，也都与自营交易沾不上边。

再说了，华尔街上金融巫师太多，道高一尺，魔高一丈。更何况华尔街是铁打的营盘，总统只是流水的兵。放松信贷是火苗，而金融证券化、衍生化是鼓风机，火势只会越吹越大。因为华尔街的本质就是利用复杂的交易，扩大增厚财富的蛋糕（不管财富是否掺水，多么虚拟），然后采用不道德的“移山大法”最大限度地攫取社会财富。想让他们收手是难上加难！

46. 只有社会主义才能救美国

特别是这次金融危机，美国失业人士无数，中产阶级离穷人仅三个月之遥，过了三个月，房贷断供，房子将被拍卖，即时沦落为穷人。

现代政治经济学的一些理论认为，庞大的中产阶级有益于社会的稳定发展，因为它并不像底下阶层有爆发革命的倾向，也不会有侵犯上层阶级专制主义的意念。那么，怎样定义中产阶级呢？美国的社会学家毕夫勒认为，典型的美国中产阶级应该是家庭年收入在 97 000 美元上下。

然而，根据美国人口普查局的统计显示，中产阶级正在慢慢地萎缩，从 2007 年的 48.2%，下降到 2009 年的 44.3%。特别是这次金融危机，美国失业人士无数，中产阶级离开穷人仅三个月之遥，一旦超过三个月，房贷断供，房子就将被银行拍卖，顿时沦落为穷人。

不过，别以为“穷人”生活会很惨。我有一个亲戚住在美国加州，他在 GE 干了 23 年，眼看就要拿到退休金（工作满 25 年），金融海啸一爆发，他所在的部门被连锅端，失业了。头几个月，他像热锅上的蚂蚁四处求职。我也替他着急，他还有房贷要还，便时常将我在纽约熟悉的猎头介绍给他，鼓励他到纽约去试试。

可渐渐地，他不那么起劲了，我再给他介绍猎头，他也都懒得去联系，说话的口气也变了，真是皇帝不急急太监。一晃两年多了，没有找到合适的工作，他日子怎么过得下去呢？追问下来得知，原来他失业金领了一年后，便停止找工作，孩子都出道了，也不用他管。他不仅申请到政府的救济金，夫妻俩每月有 1 600 美金，房贷供不起，得到了政府无偿的补助，小日子过得非常滋润，Why work？为何再去上班？这真好似到达了共产主义的境界——按需分配了。

难怪，在 2009 年 2 月中旬的一期封面上，美国《新闻周刊》直接宣称："我们现在都是社会主义者了"，令我深深地震撼！不禁想起小时候，我们为能生活在"社会主义的新中国"而感到自豪，到后来又一度对社会主义失望。现在，最资本主义的美国也快变成社会主义了，难道说资本主义和社会主义只有一线之隔，还是本来就是一张纸的两面？

单就经济层面来说，社会主义和资本主义最根本的区别，首先是所有制，社会主义以公有制为主体，资本主义以私有制为主；其次，社会主义是计划经济，资本主义是市场经济。

最典型的资本主义国家——美国，其宪法明确指出"私有财产神圣不可侵犯"。虽然美国号称自己是资本主义，不过其社会发展到今天，社会主义对他们来说根本不是禁忌。在竞选时，奥巴马就被对手嘲笑为“社会主义者”，被古巴领导人卡斯特罗引为“同志”，最近委内瑞拉总统查韦斯也开玩笑说：“来吧，大家一起搞社会主义！”前些日子，《时代周刊》曾有文章暗示，奥巴马正把美国演变成为社会主义国家。

近三十年来放松信贷，养成了美国人大手大脚的习惯，寅吃卯粮是信用好的标志。如前文所述，目前，美国政府、公司和私人累计欠债总额已高达天文数，根据国际经合组织（Organization for Economic Cooperation and Development，简称 OECD）的统计数字：如果按照美国现有人口 3.05 亿来计算，人均欠债为 70 万美元，每个家庭（按每户 3.1 人）欠债 217 万美元；折合人民币，每个家庭全成了千万“负翁”。而债权人是全世界。美国人就像做了一个巨大的“会”，全世界都买了他们的证券，都期望拿到回报。在这次金融危机之前，仅中国和日本就持有美国 1.2 万亿债券。这次金融危机美国政府又发行了上万亿债券，而全球各国都如泥菩萨过河自身难保，除了中国，还有哪个国家会大手笔去购买。难怪美国一个大媒体称“只有社会主义才能救美国”。这话很显然是双关语。一方面，是说这次大规模的政府干预，令马克思 200 年前的预言“从资本主义到帝国主义，最终走向社会主义”将在美国被言中；另一方面，是暗指只有中国才能救美国。

事实上，这的确是两方面的问题：第一，美国经济是否只能用社会主义的方式才能继续发展？第二，作为唯一的社会主义大国，中国是否要出手来“救”美国经济？

先谈第一个问题。在这次金融危机中，号称以市场经济为主导的美国，其政府救市的力度，完全不逊于社会主义的中国。想当年，每次中国政府出台什么经济措施，美国都大加指责，说中国政府干预市场，为此中国在加入WTO时，没有少费劲。而美国现在真可谓是反向地“以其人之道，还治其人之身”，也开始使用社会主义的方式来搞经济了，似乎不这样做，美国就要衰败了。

就拿房屋市场来说。房市原本如潮涨潮落，在资本主义市场经济中，本该顺其自然上涨下跌。但这次不行了。为了拯救像自由落体一般的房屋市场，美国政府花了几千亿拯救深陷次贷、次债之中的金融大公司，包括“两房”和AIG。同时，为了阻止房价进一步下跌，美国政府甚至直接大砸金钱，为首套房屋购买者提供8 000美元的财政补贴，为非首套房屋购买者提供6 000美元的财政补贴。另外，它还在法拍屋比例最高的四个州，给失业者无偿补助房贷。

再看私有企业。本来私有企业的成败兴衰均由市场来决定。可这次不行了。美国三大车厂因为劳工成本太高，效率又低下，生产的车型都是耗能的大排放车，在金融危机之下濒临倒闭。但三大车厂，包括其下游企业，雇用了150万员工，已经到了Too Big To Fail的地步，都大到不能倒了。政府只能猛砸几百个亿，注资进入。而对购买汽车者，美国政府又砸下了30亿美元，鼓励美国人旧车换新车，消费者最多可以获得4 500美元补贴，最高可达新车价格的25%。

奥巴马对三大车厂的破产保护，对金融机构大规模的救助，无不折射出社会主义的特征。经过政府救助之后的通用汽车，政府和工会变成了最大的股东。于是，通用这一象征美国资本主义精神的汽车公司，成了“国家和集体所有制企业”。

最近，美国国会通过的奥巴马的医疗保险改革，比企业国有化更具有社会主义特色。其目的是为全体美国人购买医疗保险，手段是设立政府负责的公共医疗保险计划，与私人保险业者竞争。奥巴马对此评论说：“私人保险公司与公共医疗保险竞争，将使他们更诚实，会让保费下降。”也就是说，美国要以政府之力建设“人人有医保”的社会，这也完全符合社会主义“人人有饭吃，人人有衣穿”的理念。

那么，作为唯一的社会主义大国的中国，是否应该出手来“救”美国经济？

实际上，这次由美国次贷引发的金融危机不完全是次贷的问题，也不完全是金融监管的问题。次贷只是导火线，而美国的金融监管更是全球最严格的。如果仅从金融本身而言，美国的金融及运行体系可以说很完善了。那么，引发这次危机的真正原因是什么？

因为，美国仅占世界人口的1/20，却搭建了一套过分消费的信贷模式，消耗了世界1/4的资源。当借款人开始拖欠债务或无法偿付贷款时，泡沫破灭，“财富消失”。美国为了维持奢侈的生活方式，通过金融霸权掠夺全世界，成了典型的庞氏骗局。就像玩了二十多年的麦道夫骗局那样，不断用后来者的钱去填补前面的窟窿，一旦下一笔钱没进来，这种游戏也就玩不下去了，骗局自然会破灭。

这两年，美国媒体不断给中国戴高帽子，似乎真的只有社会主义中国能够救美国。其实，即便中国再买上万亿美元的债券，也不过是给这个巨大的庞氏骗局填了一个小小的窟窿而已。按前面提到国际经合组织统计的美国欠债来看，这个庞氏骗局可能是几十万亿甚至上百万亿美元都摆不平的金融核灾难。

由此可见，这个高帽子中国能戴吗？中国救得了美国吗？这两个答案都是明显的。在这个危机重重的时候，对美国来说，社会主义也许是个不错的选择！